マイケル・S-Y. チェ

儀式をゲーム理論で考える

協調問題、共通知識とは

安田雪訳

みすず書房

RATIONAL RITUAL

Culture, Coordination, and Common Knowledge

by

Michael Suk-Young Chwe

First published by Princeton University Press, 2001

Japanese translation rights arranged with Princeton University Press through
The English Agency (Japan) Ltd., Tokyo

新版へのまえがき

『儀式をゲーム理論で考える』が改めて日本語に訳され、二〇〇三年に本書を翻訳してくださった安田雪教授と再び仕事ができることが本当にうれしく、いつかお会いしたいと思っています。

本書は自分自身の若き日々の仕事の一つだと考えています。二〇〇一年版で謝辞を捧げた子どもたちは立派に成人し、また家族の二人、私の父チェ・ビョンソンと義母リ・キスンは私たちの心のなかにいます。私は読んで欲しいと願って本を書き、本書に読者がいてくださることを素晴らしく思っています。私にとって学生の頃の一番の幸せは、図書館や古書店の本棚に、期待を上回るほど面白く重要な本を見つけることでした。私の本がいつか、そんな目的をかなえられる本になれば良いと願っています。

今、まさにこの瞬間、世界の健全さと民主主義の最大の障害になっているのは、真実ではない情報を信じ、拡散している人々がいることです。真実でもなく悪意に満ちた考えは、共通知識を生みだします。虚偽であり憎しみに満ちた考えも共通知識を作り、きわめて恐ろしい結果をもたらす集合行為やアイデンティティの形成を促します。期待をもたれ希望に満ちていると考えられていた多くの新しい技術、あるいは二〇〇一年の時点では存在さえしていなかった新技術が、この惨状をもたらしています。『儀式をゲーム理論で考える』で言及したほとんどの事例からは、協調問題を解くことは多かれ少なかれ誰にとっても望ましいことのように思えますが、しかしある人々のグループが特定の協調行動をとるときには、それは社会全体にとって恐ろしいことにもなり得ます。本書を今書いていたとしたら、私は、共通知識は協調問題を解くために必要だが、必ずしもある種のモラルや社会的により良い結果をもたらすわけではないと、より明確に述べたと思います。それでも、共通知識の生成は社会の変化に必要であるという本書の議論がある以上、私たちは憎しみにも向かい合い、より良い社会を構築し続けていかねばなりません（たとえば、エリザベス・リーヴィ・パラックとマイケル・S－Y・チェ Elizabeth Levy Paluck and Michael Suk-Young Chwe, “Confronting Hate Collectively”, *PS: Political Science & Politics* 60 (2017): pp. 990–992 参照）。

　みなさんが本書をお手にとってくださったことに、そして安田雪教授はじめ本当に多くの方々のご尽力に感謝を申し上げます。

二〇二二年三月

マイケル・S－Y・チェ

儀式をゲーム理論で考える　目次

まえがき

多くの方々から、さまざまなかたちで援助をしていただいた。「合理的選択理論を越えて」の報告会、カリフォルニア大学ロサンジェルス校のレイク・ロウヘッドにおける「政治社会学の将来」、サンタフェ研究所の相互作用ベースモデルのワークショップ、スタンフォード大学の理論経済学研究所、そしてコーネル大学でいただいたコメントに感謝している。ニューヨーク大学では、オーストリア経済学ワークショップと政治学部でいただいたコメントに感謝している。シカゴ大学では、経済学の応用ワークショップ、シカゴ人文科学研究所、合理性・擬似合理性・合理的選択理論についての中西部ファカルティセミナー、ジョン・ケリーの人類学大学院ワークショップ、ワイルダーハウスの政治・歴史と文化研究所、そして政治学部から多くのコメントをいただき、感謝を申し上げる。また、アンディ・アボット、モシェ・アドラー、ペニー・ベッカー、アン・ベル、マシュー・ベヌスカ、サム・ボエルズ、ロバート・ボイド、ランディ・カルバート、シアオホン・チェン、カール・チェ、マイロン・チェ、ジョン・カラン、ジム・デナルド、プラセンジ・デュアラ、スティーヴ・ダーラフ、マフムッド・エルーガマル、ジム・ファーロン、マグナス・フィスケホ、ダグラス・ゲール、エド・グレイザー、アヴナー・グリーフ、バリニー・グロフマン、ロジャー・グーズネリー、アンナ・ハーヴェイ、チャンーリン・フアン、ジョン・ケリー、ボアズ・ケイザー、ティムール・クラン、デイヴィッド・ライティン、ナムヒー・リー、パウラ・リー、スザンヌ・ローマン、ケヴィン・マケイブ、トーマス・マケイド、スティーヴン・モリス、アショクー・ライ、ガレイ・ラメイ、スタン・ライター、ピーター・ロッシ、ダンカン・シメスター、レスター・テルサー、バリー・ワインガスト、ダグラス・ホワイト、スティーヴ・ワイルドマン、ピート・ウルフ、リビー・ウッド、そして大学院の私のゲーム理論の学生たちの示唆と励ましとから多くを得ることができた。彼らからいただいた多くのコメントにも具体的に言及するべきであるが、記憶がいたらず、系統立てて述べられそうもない。タイラー・コーウェン、ハーブ・ギンティス、サン・H・キム、ローヒ・パリク、デイヴィッド・ルッチオ、ジョエル・ソベルとジム・ウェブスターは、本書の初校を読み、きわめて有益なコメントをしてくださった。本書の内容の一部は、『ラショナリティ・アンド・ソサエティ』誌と『アメリカン・ジャーナル・オブ・ソシオロジー』誌（Chwe, 1998, 1999b）に掲載された。両誌の匿名の査読者からは有益なコメントをいただいた。さらなるコメントや批判、ご意見は、michael@chwe.net と www.chwe.net にいただければ幸いである。

　ノーマン・ブラドバーンは私をニールセン・メディア・リサーチに紹介してくれた。そこでは、エド・シルモラーと、とりわけロリー・シュミットが本当によくしてくれた。ベン・クレメンズ、ロブ・マクミランとジェフ・ニューマンによる研究への力添えは欠かせないものだった。マーシャル・ヒル、ステートヴィル刑務所のスタッフと住人、イリノイ州刑務局には、私たちがステートヴィルを訪ねた際にお世話になった。ジム・ファーロン、マグナス・フィスケホ、ゲリー・ヘリゲル、デイヴィッド・マスタードが、私をステートヴィルまで車で連れて行ってくれたことに感謝している。この研究は全米科学財団から援助を受けている（SBR-9712277）。最後になるが、プリンストン大学出版局のピーター・ドフェリー、リンダ・チャンと共に仕事をさせていただいたことを光栄に思っている。

この研究はシカゴ大学で始まり、私がニューヨーク大学に着任した後に終了した。私は、この二つの、世界的にも偉大な知的コミュニティに参加できたことに心から感謝している。しかし、私が一員として所属していることを最も誇りに思うのは、私の家族である。私の人生を通じて、母、ユンジャ・チェは、強さと誠実さの手本であり、父、ビョンソン・チェは学究心と完全さの手本であった。兄、カールとマイロン、そして妹のシルヴィアからは多くを学んでいる。本書は、妻のナンヒ・リーが家に持ち帰る本を理解しようとする試みから始まった。これは妻に感謝していることの一つである。私たち二人は、ここぞという時大きな助けになってくれるナンヒの母、キ・ソン・リーに感謝している。子どもたち、ハンユとハナは、いくつもの色彩豊かなイラストを気前よくくれたり、人生が日々に喜びでありうると示してくれる。

1　はじめに

この本は何の役に立つか

人々はどのように、互いの行動を協調させるのだろうか。本書では、他の人々が同じように参加する限りにおいて自分も集団の行動に参加したいと思う「協調問題《コモン・ナレッジ》」について考える。たとえば誰もが、逮捕されたり、警官に制圧されたりしないくらいに抗議者の数が多い場合だけ、政府への抗議行動に参加したいと思っているかもしれない。人々は、よく協調問題を、互いにコミュニケーションすることによって解決する。しかし、単にメッセージを受け取るだけでは、その人が参加するのに十分ではない。なぜなら、他の人々も参加する場合に限り参加したいのだから、他の人々も同じくメッセージを受け取ったかどうかを知らなければならない。つまり、誰もが、他の人々が参加するだろうと確信しなければならないと知っているから、他の人々がメッセージを受け取ったということを他の人々も知っているということを知る必要があるという繰り返しになる。すなわち、メッセージについての知識だけでは十分ではない。それに加えて必要なのは、他の人々の知識についての知識であり、他の人々の知識についての他の人々の知識についての知識……であり、それはすなわち、「共通知識」である。こうして、人々がどのように協調問題を解決するかを理解するためには、共通知識を作り出していく社会的な過程に注目しなければならない。その最も優れた例が、公共的な式典や集会、そしてメディア・イベントなど、「公共的儀式」である。

したがって、公共的儀式は、共通知識を生み出す社会的行為だと理解できる。たとえば公共的な式典は、社会的統合と既存の権威体系を維持するのに役立つ。公共的な決起集会やデモも、政治的・社会的変革にとってきわめて重要である。社会的統合も政治的変革も、共に協調問題として理解することができる。現在の権威やシステムであれ反体制のそれであれ、他の人々が支持すればするほど、私もそれらを支持しがちである。公共的儀式、決起集会や式典は、こういう不可欠の共通知識を作り出す。公共的儀式は、単に情報の中心から個別の聴衆へのメッセージの伝達ではない。それは同時に、聴衆に他の聴衆が何を知っているかを知らせるのである。

このように考えると、一見関係がないとみられている文脈や学問的伝統を関連づけ、多様な社会現象を明確に洞察できるようになる。公共的式典がいかに統治者の正統性を維持するのに役立つかについての説明の一つは、たとえば、聖なるものとの重要な関係を作り出すなど、その「内容」を通してであるとする。だが、公共的式典の「公共化《パブリシティ》」――すなわち、いかに共通知識を形成するか――を考察することによっても、皇位継承、革命祭、それにたとえばフランス革命による新計量単位の創設などの儀式行為を、新しい視点から考えることができる。公共的式典が情動を高揚させて行為を生み出すとはよく議論されるところだが、私たちの議論は「冷静な」合理性にもとづいている。

儀式で用いられる言語はたいてい、パターン化されていて反復される。単に意味を伝達するという意味では、メッセージがよく行きわたるように繰り返しているのだと解釈できる。しかし、聴衆自身もそのパターンと反復を認識しているということも重要だと思われる。共通知識の生成という観点からは、何か繰り返されることを聞いた時、人は単にメッセージを得るだけでなく、それが繰り返されており、他の人々もそれを聞いた確率が高いことを知るのである。儀式における集団舞踊は、動きを通じて互いに意味を伝達させていると理解できる。しかし、集団舞踊はまた、共通知識を生み出す優れた母胎である。踊る時、人々は、誰もが注意を払っていることを知っている。なぜなら、一人でも注意を怠れば、たちまち動きのパターンが崩れてしまうからである。

それから、アメリカ南西部に認められる有史前の建造物、キヴァや、アメリカの多くの市議会にみられる着席構造、そしてフランス革命当時の革命祝祭にみられる、人々が円形になって互いに向かい合ういろいろな事例を分析しよう。これらの例にみられる円形の形式は、一見して社会的統一を生み出すよう意図されているようにみえる。だが、どのようにしてなのだろう。共通知識の生成にもとづいてそれを説明してみよう。円形になって内側を向き合えば、最大限のアイコンタクトができる。他者が注意を払っていると誰もが視覚的に確認できるから、他の人々が知っているということがわかる。そうしたうえで次に、一九五四年の映画『波止場』を取り上げ詳細に、内側に向き合う円形構造が、そして一般的に公共的・私的なコミュニケーションの問題が、そこにどう描かれているかに着目する。

ある種のものを買うことも、協調問題となりうる。たとえば、ある映画の人気が高まれば高まるほど、それを見たいと思うだろう。このような「協調問題」商品を売り込むには、広告主は共通知識を生成するよう試みるのがよい。歴史的な例としては、リステリンの「口臭」広告キャンペーンがある。最近では、スーパーボウルがアメリカの最も優れた共通知識生成の母胎となっている。そしてそれに伴い、スーパーボウルで流される広告のほとんどが、「協調問題」商品である。ゴールデンタイムのテレビ・コマーシャルが証明しているのは、人気番組は、視聴者一人あたりの広告時間料金を高く設定できるということである。というのも、人気番組はよりよく共通知識を生成できるからである（人気番組を見ている時、私は多数の人がそれを見ていることを知っている）。「協調問題」商品を売る企業はより人気の高い番組に広告を出す傾向があり、それが生み出す共通知識に喜んでプレミアムを払う。

集団における友情のパターン、つまり「社会ネットワーク」は、その協調能力に大きな影響を与える。ネットワークの一つの側面は、どの程度、その友情関係が「強い」か「弱い」かである。弱い紐帯のネットワークでは、ある人の友人の友人はその人の友人でない確率が高いが、強い紐帯のネットワークでは、友人の友人は友人である確率が高い。一見、強い紐帯のネットワークのほうが「内側を向いていて」情報がよりゆっくりとしか移動しないからコミュニケーションには不向きであり、したがって協調行動には向かないと思われるが、多くの研究から、強い紐帯のほうが協調に向いていることが実証されている。この謎は、強い紐帯は情報を拡散するのには不向きであるものの、共通知識を生成するためには向いていることに気づけば、解ける。あなたの友人は互いに知りあいである確率は高いし、また、あなたは友人たちが何を知っているかをよく知っているだろう。

最後に、ジェレミー・ベンサムの「一望監視《パノプティコン》」刑務所の設計について考える。これは、囚人房が中央の監視塔のまわりにぐるりと円形に配置されている刑務所である。ミシェル・フーコーは一望監視刑務所を、見世物あるいは式典と対置される、監視にもとづいた権力メカニズムだとみなす。しかしながらベンサムの設計では、監視塔の上に中央礼拝堂があり、囚人は房を出ることなく礼拝に参加できること、つまり一望監視刑務所がある程度儀式構造をもつことを、フーコーもその他の多くの論者も見逃している。一望監視刑務所は、他の囚人も同様の監視下におかれていることを各囚人に知らしめることで、共通知識を生み出す。

これらの多様な問題を考察するにあたっては、一つの論題、一人の著者、あるいは一つの文献だけを緻密に取り扱うということはしない。そのかわり、予期せぬ関係、現在の社会科学のさまざまな領域を幅広くつなぐ関係を探求することを目標とする。合理性と文化とは、まったく異なる人々の行動領域に適用される概念で、それぞれ独自の論理をもつと考えられがちである。だが本書は、それらの幅広く相互的な関係を論じる。公共的儀式を理解するためには、それが合理的論理が要求する共通知識をいかに生み出すかを理解しなければならない。合理的な個人がいかに協調問題を解決するかを理解するためには、公共的儀式について理解しなければならない。

本書は多くの文献を引用しているが、研究の方法論はますます特殊化の度合いを強めている。本書に示されるつながりによって、多くのテーマを一つにまとめるというだけでなく、さまざまな方法論も結集できる議論があるということを示せればと願っている。本書はたとえば、新しいデータ（テレビ放送の広告枠の価格、スーパーボウルで流される広告）について考え、すでに実証されている規則性（なぜ「強い紐帯」は「弱い紐帯」よりも望ましいのか）についての新しい説明を提示し、儀式行動のさまざまな側面（集団舞踊、反復、内側に向き合う円形構造）と文化的作品（映画『波止場』）についての新しい解釈を示し、古典的文献（ベンサムとフーコーの一望監視刑務所）のより詳細な解読を行う。

これらの応用事例を考察した後に、私は儀式がいかに行動に影響を与えるのか、直接的な心理的刺激を通じてなのか、物理的に他の人々と一緒にいることによる情動を通じてなのかに関する、競合しあう複数の説明を簡単に取り上げ、考えてみる。続いて、共通知識は実際には「現実社会」にはあてはめられない、なぜならば、人々は実際には「彼女が知っているということを彼が知っているということを、私は知っている」というように多層的に考えているようには実際みえないから、という、よくある反論への反駁を試みよう。

それから、基本的な議論をさらに洗練させよう。本書の主要な論点の一つは、共通知識の生成は儀式の興味深い側面であり、分析的にその内容と切り離すことができるということなのだが、実際には、内容と共通知識の生成は興味深く相互に関わり合っている。マーケティング、彫刻、そして一九六四年の大統領候補リンドン・ジョンソンのテレビ・コマーシャル「デイジー（雛菊）」の例を取り上げる。共通知識はあなたがメッセージを受け止めたことを知っている私に依存するだけではなく、また、あなたがそれをどう理解したかを私に教える、共有された象徴システムの存在にも依存している。

共通知識の生成は行為の協調に重要であるから、人々はそのために戦う。たとえば、検閲は典型的に、公共的コミュニケーションを最も強力に弾圧するものだ。近年、政治抗争は、近代的な広告の技法を取り入れつつある。たとえば一九九三年に、家庭内暴力に対する活動団体がＮＢＣテレビ・ネットワークに圧力をかけ、スーパーボウルでコマーシャルを放映させることに成功した。共通知識の生成が現実の資源になりうるという事実は、「象徴的」な反抗を過小評価すべきでないことを示している。

共通知識はコミュニケーションによって生成されるだけではなく、歴史的な前例によっても生成される。したがって、政治的抗議や広告キャンペーンは、共通知識を生成しようとする時に歴史を持ち出す。歴史が共通知識の創造を手助けするように、共通知識も、大衆儀式や記念祭を通じて、ある程度、歴史を創造できる。同様に、共通知識は集団が協調するのを助けるだけではなく、ある程度、集団、集合的アイデンティティ、「想像の共同体」を作り出しうる。たとえば、新聞の読者は、数百万の同じ読者を意識している。

まとめると、本書で明らかにしようと試みるのは次の三つである。第一に、共通知識という概念が幅広い説明力をもつこと。第二に、公共的儀式が「行う」ことの本質的な要素は、共通知識の生成であること。第三に、合理性と文化のあいだの古典的な二分法は疑問視されなければならないこと。この第三の論点については、さらに詳しく「おわりに」で展開しよう。付録では、この議論を数学的に展開する方法について、簡単な例を検討する。

議　論

「協調問題」と呼ばれる状況下では、他の人々も同じように参加する限りにおいて、自分もある共同的行動に参加したいと思っている。協調する一つの方法は、単純に「さあ、みんなで参加しよう」というようなメッセージを伝達することである。しかし他の人々が参加する限りにおいて自分も参加するのであるから、そのメッセージが成功するためには、皆がそのメッセージについて知っているだけではなく、それぞれが、他の人々もそのメッセージについて知っているということを知っていなければならない。実際、他の人々がそのメッセージについて知っていることを、他の人々が知っている……ことを知っていなければならない。つまり、そのメッセージは「共通知識」でなければならないのである。

これは日常の社会生活における自明の事実であり、これこそが本書の主要な論点である。この問題は言語哲学からゲーム理論、社会学まで、多くの学問において論じられてきた。最初に明確なかたちで述べたのはデイヴィッド・ルイス（Lewis, 1969）で、トーマス・シェリング（Schelling, [1960] 1980）の影響を受けてのことであった。ロバート・オーマン（Aumann, 1974 ; 1976）は数学的な表現を発展させて（付録を参照）、わかりやすいものにした。例を示すのが最もよいだろう。

たとえば、あなたと私が同僚で、同じバスに乗って帰宅しているところだとしよう。今日はバスが混み合ったため、私たちは離れ離れになってしまった。あなたはバスの前扉のそばに立っていて、私は後の扉のそばにいるから、私にはチラチラとしかあなたが見えない。いつもの停留所に到着する前に、私は私たちの共通の知人が、歩道から「ねーえ、おふたりさーん！　一緒に、一杯飲みましょうよー！」と大声で呼びかけているのに気づく。この知人と一緒に一杯やるのは大いに結構だ。しかし、私たちは何よりも互いのことを考えている。バスの扉が開く。乗客に阻まれた私たちは、降りるかどうか、別々に決断しなければならない。

　共通の知人がバスの外から呼びかけた時、私はあなたのほうを見たが、どこにいるかわからなかったとしよう。私にはあなたが彼女に気づいたかどうかわからない。だから、そのままバスに乗っていることにする。さて、正確には、このコミュニケーション過程がうまくいかなかったのはどうしてだろう。二つの可能性がある。第一は、あなたが単に彼女に気がつかなかった場合だ。あなたは眠っていたのかもしれない。第二は、実際はあなたは彼女に気がついていたが、私はあなたが彼女に気づいたかどうかわからないから、バスに乗りつづけていた場合だ。この場合は、二人とも知人が呼びかけてくれたのを知っているが、私はあなたが知っているということを知らないということである。

　コミュニケーションがうまくいくのは、時に、単に発せられたメッセージが受け止められたか否かということだけではない。他の人々も同じようにメッセージを受け止めたということに気づいているかどうかにも依存する。すなわち、成功するコミュニケーションとは、単にメッセージについての人々の知識だけではないのである。それは、他の人々が知っているということを人々が知っていることにもよるのであり、メッセージについての「メタ知識」にもかかっている。

共通の知人が呼びかけた時に、私はあなたが顔を起こして私を探したのは見えたが、あなたが私を見つけられたかどうかはわからなかったとしよう。私が彼女の呼びかけに気づいていて、あなたが顔を起こしたのを見たからあなたにもそれがわかったと私にわかったとしても、私はバスから降りなかっただろう。なぜなら、私が知っているということをあなたが知っているかどうか、私にはわからないからである。したがって、単に一つの「レベル」のメタ知識では十分ではない。

こう考えていくと、すぐに、あらゆるレベルのメタ知識が必要なことに気づく。私は彼女が呼びかけたことを知っていなければならず、あなたも知っていなければならず、私はあなたが知っていることを知っていなければならず、あなたは私が知っていることを知っていなければならず、私は、私が知っていることをあなたが知っているということを知っていなければならず……。すなわち、この呼びかけは「共通知識」でなければならないのである。「共通知識」ということばはさまざまに用いられるが、ここでは、厳密な定義に限定しよう。集団の中で、ある事象あるいは事実について、皆がそれを知っており、皆がそれについて知っていることを皆が知っており、皆がそれについて知っていることを皆が知っていることを皆が知っている……場合に、それを共通知識という。単なるアイコンタクトだけで、二人の人がこのように多くのレベルのメタ知識を作り上げることができる。共通の知人が呼びかけた時に、私があなたを見て、あなたが私を見ていたとしよう。そうすれば私は、あなたがその呼びかけを知っていることがわかり、あなたは、その呼びかけをあなたが知っていることを私が知っているとわかる（あなたは私があなたを見ているのを見ているのだから）……。アイコンタクトさえできれば、私たちはバスを降り、コミュニケーションは成功する。

この例で重要な前提は、私たちは一緒にいるのを楽しんでいるということである。私はあなたがバスから降りるのであれば降りたいし、あなたも私が降りるのであれば降りたい。たとえば、呼びかけたのが知人ではなくて、あなたの恋人だったとしよう。私にとって気になるのはあなたが行くかどうかだが、あなたは私と一緒にいるより恋人と一緒にいたいだろう。だからあなたがその呼びかけを聞いたことが私にわかりさえすれば、私はバスから降りる。しかし、私がその呼びかけを聞いたことをあなたが知っているかどうかを、私が気にする必要はない。なぜなら、あなたは私が呼びかけを聞いていようが聞いていまいが、下車するからである。ここで、さきほどの知人が呼びかけた時のような状況は、他の人々も同じく行動する時に限って自分も行動したいと思う場合であり、「協調問題」と呼ばれる。別の言い方では、誰も一人だけでは行動しようとしないから、「保証ゲーム」と呼ばれる（Sen, 1967）。恋人の例は、協調問題ではない。なぜなら、他の人々がどうするかにかかわらず、行動しようとするからである。

協調問題では、各人が他の人々が何をするかを気にかけ、したがって他の人々が何を知っているかを気にかける。つまり、成功するコミュニケーションは、メッセージを伝達するだけではなく、人々に他の人々も知っている……ということも知らせているのである。二つの例をあげて、この点をさらに詳しく示そう。

体制に反抗することは、協調問題である。たとえば、参加する人が多いほど自分もデモに参加したいと思う。デモが成功する確率が高くなり、逮捕される確率がより低くなるからである。だからこそ政権は、大規模な集会、出版物、旗、さらには落書きさえも含めて、公共的コミュニケーションを検閲の標的にする。それらによって、人々はメッセージを得るだけでなく、他の人々もそのメッセージを同じように受け取っていることを知るからである。(Sulka, 1992 ; Diehl, 1992)。エジプトではほぼ三〇年近くも、パン一斤の価格が一定に保たれていた。一九七七年に、アンワル・アッ＝サーダートがパンの価格を上げようとして、大規模な抵抗にあった。その時以来の政府の戦略の一つは、パン一斤の大きさを徐々に小さくしていくことだった。もう一つの戦略は、こっそり、小麦粉の一部をより安価なトウモロコシ粉に替えることだった(Jehl, 1996)。こういう戦略は、単に人々をだますというだけの問題ではない。人々はパン一斤が前より小さくなり、味が変わったことに気づくかもしれないが、どれくらいの人々が同じように気づいているかについては定かでないのである。パン一斤の大きさや味を変えることと、パンを値上げすることとは、同じ公共的な出来事ではないのである。

一九八四年一月に、アップル・コンピュータ社は、スーパーボウルの放映時間にあっと驚く視覚効果をもった六〇秒テレビ・コマーシャルを打って、新しいマッキントッシュ・コンピュータを売り出した。スーパーボウルは、毎年恒例の、最も人気のあるテレビ番組である。この新型マッキントッシュは、既存のコンピュータとはまったく互換性がなかった。マッキントッシュのユーザーが簡単にデータをやりとりできるのは、他のマッキントッシュのユーザーだけである。マッキントッシュを買う人が少なければ、入手できるソフトも少なくなる。したがって潜在的な購入者は、他の人々も同じように買うのであればマッキントッシュを買うだろう。マッキントッシュの潜在購買者層は、こうして協調問題に直面する。スーパーボウル放映中にテレビ・コマーシャルを打つことによって、アップル社は、単に視聴者に新型マッキントッシュのことを知らせただけではない。同時に、多くの他の人々も新型マッキントッシュのことを知らされたということを、視聴者に伝えたのである。ウォルト・ディズニー・アトラクションズ社のマーケティング担当上級副社長によると、スーパーボウルは、「まさに、テレビセットのまわりに集まり、年に一度の儀式に参加する、アメリカの男性、女性、子どもの集会なのである」（Lev, 1991 ; Real, 1982 も参照）。

協調問題

ここで、協調問題が「フリーライダー（ただ乗り）問題」あるいは「囚人のジレンマ」として知られている問題とは異なることを明らかにしておかなければならない。フリーライダー問題では、いかなる状況であろうと誰も参加したいと思っていない。いつでも、他の人々が参加するのに「ただ乗り」したいと思っている。たとえば誰もが、共有の牧草地を緑のまま残しておきたいが、また誰もが、自分の家畜にはたっぷり草を食べさせたいという誘惑にかられてもいる。フリーライダー問題を「解決する」には、したがって、人々のもつであろうモチベーションを拡張する必要がある。たとえば、フリーライダーに対して、あるいはそれが繰り返された場合に、法的措置やフリーライドをした者はその後協力を得られなくなるというような社会的制裁を設ける。しかしながら、協調問題を「解決する」ためには、人々のモチベーションを変更する必要はない。皆が協力する時には、各人も協力したいと思う。なぜなら、他のすべての人がそうするからである。「集合行為問題」（Olson, 1971）ということばは、フリーライダー問題に言及する時だけに用いられることが多いが、政治的抗議行動などの集合行為は、協調問題としてより適切にとらえられるとする論者もいる（たとえば、Chong, 1991; Moore, 1995も参照）。さらに、たとえばフリーライダー問題を制裁によって解決する時でさえ、人々を制裁システムに参加させるという、それに「先立つ」協調問題がある。なぜなら普通、人は他の人々が同じく参加する時にのみ制裁に加わりたいと思うからである。

　また、協調問題では利害が完全に共通する必要はない。必要なのは、より多くの人が参加するほど、各自のモチベーションが高まる（あるいは少なくとも、低まらない）ということだけである。たとえば、政治的抗議行動において、ほんのわずかな人しか参加しないとしても自分は参加したいという「闘士」、多くの人が参加して、その行動が妥当なものにみえるのならば参加したいという「中庸派」、そして群衆体験を味わいたいだけで抗議者たちの政治的目的には無関心な「追随者」がいるだろう。各自にとって「多ければ多いほどよい」限り、それは協調問題である。協調問題からはずれるのは、他人のすることなど気にせず、したがって完全に独立な決断をする人、あるいは他人が参加しない時だけ参加したいと思うような人――たとえば、混んでいない時にだけ海水浴に行きたいと思う人々である。

協調問題では、皆他の人々と協調したいと思っているものの、いかに協調すべきかについては大きな不一致がありえる。たとえば、「多くのガーナ人は、共通自国語を制定するのがよいと思っているのだが、どのことばにすべきかについては意見が異なる」（Laitin, 1994, p. 626）。ある人にとってある協調行動がきわめて望ましくないものであっても、参加しないことによって生じるもっと悪い結果よりはましであるとすれば、その人は参加することにするかもしれない。問題を単純にするために、問題は参加するか否かだけであるとまずは仮定する。そして人々が協調の方法をめぐっていかに争うかという問題については、後で考えよう。

共通知識

ここで、共通知識がいかに有用な日常的概念であり、常識的な意味における「公共」の一部であって、そして同時に、共通知識がある程度まで、「内容」や「意味」とは区別できるということをよく示している例をあげよう。

アメリカの政治キャンペーンで近年よく使われるようになったのは、「プッシュ・ポーリング」〔世論調査とは異なり、調査対象者を名ばかりの調査に参加させ、候補者についての中傷や噂などを吹き込む策略〕で、これは公平を装いながら、特定候補に有利となるような質問を有権者にするものである。一九九六年の共和党の大統領選予備選期間中、ボブ・ドール候補との契約の一環として、キャンペーン電話会社の従業員が「アイオワ・ファーム・ファミリーズ」と名乗ってアイオワの有権者に一万回以上も電話をかけ、対立候補のスティーヴ・フォーブスの一律課税計画を攻撃した。批判に対して、ドール陣営の広報担当者は、電話は「われわれのテレビ・コマーシャルを反映したメッセージを伝えたということだ」と反論した（Simpson, 1996）。それらのメッセージが同一であったか否かはともかく、重大な違いは、電話による伝達は共通知識ではないということである。電話を受けた人は、他の人々も同じような電話を受けたか、どれくらいの人が受けたかを知らない。一方テレビ・コマーシャルは、少なくともある程度は共通知識である。なぜなら、テレビ・コマーシャルを見ている人は、他の人々も同じテレビ・コマーシャルを見ていることを知っているからである。この違いは、少なくとも一万人以上の「大衆」に電話がかけられたとしても、そしてテレビ・コマーシャルを見たのが一万人以下であったとしても、なくならない。

　ニューヨーク・メトロポリタン・オペラは、ようやく一九九五年になって、上演中にオペラの歌詞の訳を表示することにした。しかしながら、舞台上方のスクリーンに訳を投影するのではなく、メット〔ニューヨーク・メトロポリタン・オペラの愛称でＭＥＴと呼び習わされる〕は独自に「メットタイトル」という、聴衆が自分でつけたり消したりできる、個人用の小さな電子スクリーンを開発した。評論家によれば「「メットタイトル」は、大方の劇場のシステムよりもずっと優れている。……それは、公演における公共的せりふの一部にならないのである」（Griffiths, 1995）。たとえ、大多数の観客が自分のスクリーンを付けたとしても、字幕翻訳は共通知識にはならない。なぜなら、それを読んでいる人は、他の人々も読んでいるのか（あるいは読んでいると認めるか）、わからないからである。

電子メールを使う人にとっては、共通知識は、cc（カーボンコピー）と、bcc（ブラインド・カーボンコピー）の違いとしてうまく説明できる。誰かが何人かの人に同時にメッセージをTO：誰々としてあるいはカーボンコピーで送る時、受信者はそのメッセージが同時に送信された人々の名前のリストを受け取る。一方、ブラインド・カーボンコピーでメッセージが送られた場合には、受信者は、「他の受信者のリストは公開されません」というメッセージを受け取る。一人の人から他の人々へのメッセージの伝達という意味では、カーボンコピーもブラインド・カーボンコピーも同じである。違いは、受信者が他の受信者についての知識をもてるかどうかという点だけである。カーボンコピーを使うと、受信者は他の受信者の電子メールアドレスを知ることができるから、電子メールの大量スパム攻撃を招きかねない。しかし、この不利益よりも、共通知識を生成する必要がまさることがある。たとえば、「タダキさんは、自分の電子メールのリストが無断で使用されたため、多くの人々にメッセージを送る方法を再考することになったと言った。「今度住所変更を送る時は、必ずbccにするわ」と彼女は言った。それでもタダキさんは、TOをつかってグループにメッセージを送ることがあるだろう、たとえば特別な社会的な集まりとかパーティの招待などの時には、と言った。「そうすれば、誰が招かれているか、誰が来るか、受け取った人にわかるからよ」」（Stellin, 2000）。

共通知識は技術によって影響されるだけではなく、どのようにコミュニケートするかの選択によっても影響を受ける。ブライアン・マクノート（McNaught, 1993, p. 53）は、友人のある公認会計士について語っている。彼女は、「私が同性愛者だっていうこと、上司は絶対知っていると思うわ……でも彼はそのことについて話したがっていないし、私にそれについて話してほしくないってことも私にはわかっているの」と述べた。彼女の上司は、彼女がレズビアンであることを知っていて、彼女は上司がそれを知っていることを知っているが、しかし彼女は、それを上司と話すことができない。なぜなら、彼が知っていることを彼女が知っていることを、彼が知ってしまうからだ。この公認会計士と彼女の愛人が、「その会計事務所の従業員と伴侶のための」イヴニング・カクテルパーティを開いた。「……上司夫妻がようやく現れると、すべての従業員が相方と一緒にドアに飛んで出て出迎えた。くだんの同性愛の公認会計士も、エスコートの男性の腕をとって、彼らに加わった。彼女のレズビアンの愛人は家にいたのである……。彼女が同性愛であることは誰もが知っていたのだが、そんな人はいないように皆で振る舞っていたのである」。もし、この公認会計士が愛人と一緒に出席していたなら、人々は他の誰もが知っているということを知ってしまっただろう。彼女がレズビアンであることが公共的となり、共通知識となってしまうのである。

　共通知識はある意味では、秘密の対極にある。ジョージは、彼がゲイであることをいかにしてカミングアウトしたかをこう語っている。「最初にピーターに話したんだ……それからフレッド……そして俺が話すまで、他の誰にもこのことをしゃべるなよって言った。……仲間のやつらに俺が話した後、彼らもそのことを話した。そしてしばらくすると、みんな口まで出かかっていたおっきな秘密をしまっておけなくて、誰も彼もがこのことをしゃべりあっていたんだ」（Signorile, 1995, p. 76）。最初、ジヨージは仲間に個人的にしか話さなかった。ジョージがゲイだということを皆知っていたとはいえ、それぞれにとってそれはまだ秘密事項だった。ピーターとフレッドが一度その会話を始めてしまうと、他の人々も知っているということがわかった。共通知識が形成されてはじめて、秘密は蒸発したのである。

共通知識が常に望ましいとは限らない。時には意図的にそれを避けようとすることもある。ホテルの男性従業員が、女性客が裸でいる部屋に入ってしまった時には、彼が見てしまったということを当惑して女性客に伝えるかわりに、大声で「失礼しました、ご主人」と言うだろう。事実を異なったものに変化させることは共通知識を妨げるが（Kuran, 1995）、この例が示すように、正直だけでは十分ではないのである。

文化的な行為についての解釈のほとんどが、コミュニケートされている「内容」や「意味」に注目する。本書の論点で重要なのは、文化的な行為は「公共化」、より厳密にいえば、共通知識の生成という観点からも理解されなければならない、ということである。この区別を厳密に維持するのは（後述するように）難しいが、役に立つ。この区別を理解するためには、二つの例を考えてみればよい。アブナー・コーエン（Cohen, 1974, p. 133）は、イスラム教徒の金曜の正午の礼拝を「既存の政治的秩序に対する忠誠のデモンストレーションであり……［そして］コミュニティの全男性が一堂に会する中で……反乱を起こす……理想的な戦略的状況でもある」と述べている。ミシェル・フーコー（Foucault, 1979, pp. 50, 58–60）が「武装した法による儀式」として描いた公開処刑は、実際にはきわめて不安定なものであった。「恐怖させることを目的にした見世物に引き寄せられた人々は、罰する権力の拒否や、時には反抗を示すことができた。不正だとみなされた刑の執行を妨害し、のろわれた執行人から受刑者を奪い取り、力ずくで彼の特赦を得……公開処刑の儀式をひっくり返した」。事件の意味は「ひっくり返」せても、大衆的正当性にとっても大衆の反乱にとっても必要な共通知識という要素は、変わることがない。

議論の由来

詳細に調べるまでもなく、少なくともこの概念がいくつかの異なる文脈に適合する基本的なものだと指摘しておく価値はあるだろう。ルイス（1969, p. 6）は、デイヴィッド・ヒュームの手漕ぎボートの例にも、協調問題の考えが含まれていることに気づいた。漕ぎ手は皆、他の漕ぎ手と同じ速度で漕ぎたいと思っている。協調問題は、言語について考えればたちどころに浮かんでくる（Clark & Marshall, 1992; Schiffer, 1972）。日常会話でさえ、他の人々のもつ知識についての知識……が必要である。たとえば、友人の「コーヒーを飲むかい?」という問いかけに肯定的に答えるのに、「コーヒーがあれば眠気が醒めるよ」と答えるとしよう。ただし、私が寝るより勉強を続けたいと思っていることを、友人が知っていると私が知っている場合の話だ（Sperber & Wilson, 1986）。協調問題とそれがいかに解決されるかについては、早くからシェリング（[1960] 1980）が考察しており、共通知識についてはオーマン（1976）が数学的にモデル化している。これらの問題は、ゲーム理論（概観についてはGeanakoplos, 1992参照）、それに論理学、理論コンピュータ科学、哲学（たとえばGilboa, 1998）でも追求されてきた。「高次の信念」（他者の信念についての信念）と、公共的宣言と私的宣言の区別については、経済学と財政学でもしだいに有用な概念になりつつある（たとえばChew, 1999a ; Morris & Shin, 1999 ; Shin, 1996）。共通知識は、人々が「心の理論」、すなわち、他者の心の状態を理解する能力をもっていることに依存する。認知神経科学にとって、心の理論が実際にいかに機能し、発展するかは、重要な問題である（たとえばBaron-Cohen, Tager-Flusberg, and Cohen, 2000）。大衆的な出版物には、娯楽的な数学パズルや論理パズルとして共通知識が定期的に現れる（たとえばStewart, 1998）。

社会心理学者は、「多元的無知」という概念を発展させた。これは、人々が他者の信念について非常に不正確な信念をもっている状況を指しており、この意味では共通知識の欠落状況のことである。多くの例から一つをあげるなら、一九七二年の調査では、白人アメリカ人の一五％が人種分離政策に賛成していたが、七二％が自分たちの地域の過半数の白人が人種分離政策に賛成していると信じていた（O' Gorman, 1979 ; Shamir, 1993も参照）。大多数は、多元的無知を個人レベルでの歪みだとみている（たとえばMullen & Hu, 1998 ; O' Gorman, 1986）。たとえば、人は自分自身の見解が大多数の見解だと考えることによって、認知的不協和を減らすというわけである。最近では、ソビエト連邦と東欧諸国にこの考えがあてはめられる。人々に不満が広まっていたが、それがどれほど広まっていたかについて知っていた者はほとんどいなかったという考え方である。これらの説明は、自分の意見を表明すると犯罪として処罰されること、政府による報道の統制、社会的紐帯の欠如など、コミュニケーションの制限に焦点を合わせている。近代的コミュニケーション技術と海外との接触の増加による「多元的無知の縮減」が、「すさまじい力をもつ政治の波を……もたらし」（Coser, 1990, p. 182 ; Kuran, 1991 も参照）、これらの政権の崩壊をひきおこした。

ニクラス・ルーマン(Luhmann, 1985, pp. 26-28)は法律の分析において「社会的世界の二重の偶発性《ダブル・コンティンジェンシー》」を強調している。不確実なのは物理的世界ばかりでない。他の人々の行動も不確実である。他者の見解を理解することは、「……私が他者を別の私として見る時にのみ可能になる……［別の私］は、私自身と同じく自分の行動を自由に変えられるのである」。ここに、「期待についての期待」を安定させる必要があり、それを社会的制度が助ける。「……さらには、そこには第三、第四、……のレベルの再帰性、すなわち期待についての期待についての期待と、期待についての期待についての期待についての期待……があることを考慮する必要がある」。ルーマンによれば、「ものの見方の相互性と、私にとってのあなたについての構成された意味は、ドイツ観念論にまでたどることができる」のである。

2　理論を応用する

式典と権威

儀式や式典のような文化的な行為は、いかにして権力を構成するのだろうか。クリフォード・ギアーツ（Geertz 1983, p. 124）は、「支配の虚飾と実質とのたやすい区別は、しだいに曖昧となり、現実的でなくなる。肝心なのは、それらが互いへと変容しあう……その方法なのである」と書く。リン・ハント（Hunt, 1984, p. 54）は、さらに直截的である。フランス革命のあいだ、「政治的シンボルと儀式は権力の暗喩などではなかった。それらは権力そのものの手段であり、目的であった」。これは正確には、いかにして起こるのだろうか。そのメカニズムはいかなるものなのだろうか。

私たちの説明は、社会的あるいは政治的権力に服従することは協調問題であるというところから始まる。多くの人々が権威を支持すればするほど、人はいっそうその権威を支持しようとする。たとえば、ユルゲン・ハーバーマスは、ハンナ・アーレントが「権力の根本的な現象は、他者の意思を道具化することではなく、合意に達することに向けてのコミュニケーションにおいて共通意思を形成することである」と述べていると解釈している（Habermas, [1977] 1986, p. 76 ; Postema, 1982 および Weingast, 1997も参照）。この協調問題は、合意に達しようという要求のみならず、威嚇からも生じうる。マイケル・ポランニー（Polanyi, 1958, p. 224）によれば、「もし人々の集団において、各自が、彼ら全員の指導者と名乗る一人の者に他者のすべてが従うだろうと信じているならば、全員が彼を自分たちの指導者として仰ぐであろう……。すべての者が、他者が服従し続けるという単なる推測によって従うことを強いられるのである」。権威に従うことは協調問題であるから、権威は共通知識を生成する式典と儀式を作り出すのである。

ギアーツは、社会の中心的な文化的信念、その「基本的虚構《マスター・フィクション》」から説明を始める。式典や儀式のような象徴的コミュニケーションは、この基本的虚構との「緊密な関与」を通じて力を得る。ギアーツ（1983）は、国王の行進の例を三つひいて、これを示している。一六世紀のイギリスでは、国王の行進は、教訓と寓意に満ちていた。「四人の市民が四つの価値――純粋な信仰、臣下の愛、知恵、正義――を象徴する装束を身につけ」、エリザベス・テューダーがプロテスタントの徳である純潔、知恵、平和、完全なる美、そして純粋な信仰を表していた。一四世紀のジャワは、入れ子の円をなす階層的世界観をもっており、ハヤム・ウルク国王は、四つの方角のおのおのを象徴する姫君を従えて行列の中央に現れた。一八世紀から一九世紀のモロッコでは、中核にある信念は「人はその人が守りうるものだけを真に所有する」というもので、したがって「こちらで敵を懲らしめ、あちらで同盟軍を進軍させ続けられる限り、国王はその統治が神によって認められていると人々に信じさせることができた」。私たちの目的にとってもっと根本的な問いは、これら三つの事例がどのように異なっているかではなく、どのように共通しているかである。つまり、なぜ行進なのだろうか？「国王の行進は……支配の儀式的象徴によって領土を踏みつけることによって、その社会の中心を位置づけ、それが超越的存在と結びついているということを確認するのである……国王たちが領内を旅する時……ちょうど狼や虎がその匂いを自分のなわばりにばらまくように、あたかも彼らの肉体の一部であるかのごとく刻印してゆくのである」。

しかしこの解釈は、行進の最も明らかな側面を見逃している、あるいは、当然のものとみなしてしまっている。つまり、多数の観衆、「あっけにとられた農民の群衆」（Geertz, 1983, p. 132）である。この解釈にしたがえば、観衆は大勢であるか少人数であるかにかかわらず、完全に圧倒されてしまっている。私たちの解釈は、まさに見物人は、他のすべての人も見ているということを見ているという宣伝の効果、儀式が作り出す共通知識そのものに注目する。行進は、観衆の全体数を増すための手段に他ならない。一箇所に集まれる人数は限られているからである。見物人は、行進の道筋にいる他の人々も同じものを見た、あるいは同じものをこれから見るはずだとわかっているから、共通知識が拡大される。したがって、必ずしも君主が行進しなければならないというわけではない。大量の観衆そのものが動いていく巡礼や拝謁の列も、同じように共通知識を作り出す。私たちの解釈のもとでは、支配の儀式的象徴が広がるのは、その遍在によって超越が呼び起こされるからではなく、むしろ集中広告に似ている。大規模な広告キャンペーンを眼にしたら、他の人々もその広告を見るに違いないとわかる。これは、狼の比喩をまじめに取り上げるとしても、それとはまったく別物である。それは、単独行動する動物がその場所の匂いをかぎ、他の動物のなわばりに近づかないようにするというだけであって、匂い全体のつながりを知覚したり、推測したりはしない（この点で、匂いは競争相手を追いやるが、一方、国王の行進は「内需」喚起のためである）。

別の表現をするならば、ギアーツが「公共」ということばをどう使っているかを考えてみればよい。彼はこう言っている。「なんであれ意味するものはすべて間主観的であり、したがって公共的なものであり、したがって明示的な、修正可能な「外光による」説明が可能である」（Geertz, 1980, p. 135）。ギアーツは、文化は「観察不能の心的事象」ではなく、「社会的に確立された意味の構造」であって、それによって人々が伝達しあうものであり、したがって分析と理解が可能であるという方法論上の論点を述べているのである（Geertz, 1980, p. 135 : 1973, p. 12）。しかし、「公共」ということばを間主観的なものすべてを含むとして使うのは、たとえば「公《おおやけ》の謝罪」あるいは「公開法廷」というような、通常の使い方よりもはるかに広い。私の所得税の還付は間主観的であり、ある程度データ閲覧も可能ではあるが、それは公共のものではない。議論を拡大して、ギアーツ（1973, p. 6）は、目くばせの意味は片目をつぶるという単なる身体的な行為に還元することはできず、なかんずく二人のあいだで目くばせが「内密に」「まわりの他の人々に気づかれることなく」なされたという理解にかかっていると述べる。つまり目くばせの意味は、共通知識になっていないということに依存している。これは、もちろんそうである。しかし、意図的に隠されたことが「公共」の範疇におかれなければならないというのは、明らかではない。「公共」ということばをそれほど広範に用いることは、文化的行為における宣伝の側面――より正確にいえば、共通知識の生成――の探究を困難にする。何らかの式典の全目的が公共性を生み出すことにあるという点が理解できなくなってしまうのである。ギアーツ（1980, p. 135）によれば、「議論、旋律、公式、地図、絵画は、見つめられるべき観念体ではなく、むしろ、読まれるべきテクストである。儀式、宮殿、技術、社会的に作られるものも同様である」。しゃれて言えば、儀式と祝祭は単なる「テクスト」ではなく、公開する過程でもある（Keesing, 1987も参照）。

ギアーツの説明は、国王の行進の意味あるいはその内容に焦点を合わせているが、私たちは公共化、つまりいかに行進が共通知識を生成するかに注目している。私たちが主張したいのは、内容と意味が重要ではないということではなく、公共化、共通知識の生成の側面もまた考慮されねばならないということである。

リン・ハント（1984, p. 88）は、フランス革命の象徴的かつ文化的実践についての分析で、「急進派は……彼ら自身、そして旧体制の「基本的虚構」の虚構性を見た者すべてに……新しい政権には新しい「基本的虚構」が必要であり……社会の構成員は、彼らのための文化と政治を発明できるということを明白に示した」と書いた。ギアーツの分析枠組みを借りたため、ハントはその弱点をさらしている。もし新しい「基本的虚構」を創造するために文化的行為を使えるのならば、その力が既存の基本的虚構との結びつきのみに依存しているはずがない。しかしハント（1984, p. 53）は、こう続ける。「支配は、何千もの無言の方法で支配の正統性を伝達し再確認する物語、記号、象徴なしには存在しえない。ある意味で、正統性とは記号と象徴についての一般的な合意なのである。革命運動が伝統的な政府の正統性に挑む時、革命運動は伝統的な支配の虚飾にも必然的に挑まねばならなくなる。そして、新しい秩序の理想と原理を正確に表現する、新しい政治的象徴を発明していかなければならない」。

ここでハントは、新しい象徴あるいは意味のシステムを発明するだけでは十分ではないことを認めている。それらはまた、「一般的な合意」を享受できるように作られなければならないのだ。これが何を意味するのかは明確にされていないが、「無言の」ということばを用いていることから、おそらくハントは共通知識、すなわち個人個人が知っており、他の誰もが当然知っていると考えられるような何かを指している。事実ハントが研究した行為のほとんど、とくに革命的祝祭は、「治癒不能の宣言マニア」（Jean-François La Harpe, Hunt, 1984, p. 21 による引用）で、そして自由の木を植え、革命の色をまとうことさえも、共通知識を生み出す儀式であり、そこではそれぞれの参加者は他者も参加していることを容易に見て取ることができるのである。

革命派はまた、新しい度量衡（メートル法）を確立し、新しい暦を制定して、新しい祝日とそれまでの一〇日単位に変わる週を創案した。今日の世界の大半で右側運転であるのもフランス革命に由来する。それ以前の西ヨーロッパの習慣では馬車は左側通行だったが、普通の人々はやってくる車両に対向するよう右側を歩いていたので、右側通行がより民主的だということになったのである（Young, 1996）。ハント（1984, p. 71）は、これらの変化をプロパガンダとして解釈し、だから「時計でさえ、フランス革命の証人となりえた」というが、しかし、この点はより詳細に考えられる。交易、時計、旅行の新しい慣例を人々に受け入れさせるのは協調問題であり、人々に新しい政府を受け入れさせるという協調問題に比べれば重要性が低いとはいえ、大衆的規模という点では同様である。一つの協調問題を成功裏に解決することによって、革命派は次の問題を解決するために有効な共通知識を打ち立てたのである。すなわち、人々は、他の人々がどの程度新しい政権を支持しているのかを知ることはできないかもしれないが、新しい度量衡を使うことに同意したことを知ることはできる。ウィリアム・スーウェル（Sewell, 1985, p. 77）は、革命の新しい尺度と時間の単位はそのイデオロギーであると解釈している。革命派は人々の「空間と時間の体験」を変化させたかったのである。「……彼らの革命は、新しい形而上学的な秩序を認識したのである。古い形而上学にもとづいている既存の社会的な行為のあらゆる場は、新しい合理的で自然な用語によって再構築されなければならなかったのである」。しかし、度量衡と暦を変えるのがとりわけ効果的なのは、単に人々の革命や物理的世界についての考え方を変えるのみならず、人々の他者との関わり方を変えるからである。それは、他者についての認識を変えるのである。

　ジェームズ・スコット（Scott, 1990, pp. 203–204, 256）は、公共的コミュニケーション、すなわち「公共的表現」と、非公共的コミュニケーション、すなわち「隠された表現」とを明確に区別している。たとえば、「カソリックの階層秩序は……もし多数の信者が未婚で同棲することを選んだとしても、そのような選択は……同じ信者たちが公に結婚の秘蹟を否認することに比べれば制度的には重要ではないことを理解している」。同じように、「もし大地主の小作農たちが小作料の値上げに反抗的であれば、大地主は公に対決するよりは個別に小作農に会い、おそらく譲歩するだろう」。またもや問題は、なぜそうなのかである。

スコット（1990, pp. 41, 224）は時に、「沈黙を破る」ことがひきおこす情動が因果的な重要性をもつと述べている。たとえば、一九一〇年、ラジオ中継で黒人ボクサー、ジャック・ジョンソンが白人ジム・ジェフリーズに勝ったと知った直後、「すべての南部の州と北部の多くの州で人種暴動が起きた……歓喜の高まりの中で、その瞬間、黒人たちはしぐさ、話し方、態度が大胆になった……陶酔はさまざまなかたちでやってきた」。一つの公共的宣言が、「政治的電気」を作り出す。一つの公共的言明の影響がいかに広まるかを理解するためには、「私たちは比喩的に、社会における隠された表現が単一の送電網の一部を形成していると考えることができる。送電網内の隠された表現における小さな相違は、電流の損失を招く電気抵抗のアナロジーとして考えられる」。

しかし、スコットの説明の本筋は私たちのものと同じである。つまり、公共的言明が共通知識を創造するのである。「被支配者たちは、この隠された表現が公に宣言されてはじめて、彼らの要求、彼らの夢、彼らの怒りが他の被支配者たちによっても共有されていたということを完全に認識できる」。リカルド・ラゴスが国営放送の生放送で、ピノチェト将軍を拷問と暗殺のかどで糾弾した時、彼は「多かれ少なかれ、何千というチリ市民が一五年ものあいだ、より安全な状況でなら考え、語ってきたことを」述べたのである。彼の演説の内容ではなく、公然性と公共性が政治的な衝撃波をひきおこした。「奇妙にも、すべての人がある程度知っていることが、それが公然と舞台に現れる瞬間までは、単なる陰の存在にすぎなかった」（Scott, 1990, pp. 223, 207, 215–216）。

だがスコット（1990, p. 48）は、彼の解釈の本当の強さを理解していない。「想像してみたまえ。たとえば、地主がつい最近、彼に逆らういかなる小作農や労働者も必ず見つけ出し、罰を与える強制力を得たようなきわめて階層的な農業社会を……彼らが派手な儀式を前面に押し出し、武器を振り回し、過去の抑圧のエピソードを祝い、厳しく容赦のない雰囲気を維持している限り……地主たちはエリート層の実際の、当時の権力以上の大きな威圧的権力を振るうであろう」。ここでスコットもギアーツと同じく、国家儀式の権力の基礎を関係性においている。スコットにおいては、過去の武力にもとづく権力との関係性であり、ギアーツにおいては、基本的虚構との関係性である。しかしスコット（1990, p. 49）が述べるように、「権力と権威の効果的コミュニケーションは、それが予言の自己成就のような何かに寄与する限りにおいて結果をもたらす。もし被支配者たちが支配者に権力があると信じるならば、その印象が支配者に自らそう信じさせるのであり、ひるがえって彼の実際の権力に寄与するのである」。したがって儀式の公共化、すなわち彼らの「効果的コミュニケーション」は、それ自体によって権力を構成しうる。関係性は有用であるものの、必ず必要というわけではない。隠された表現における相違は、送電線の抵抗としてはたらくのではなく、共通知識を弱めるのだといえよう。たとえば、カルカッタに住む若い女性ミカ・グプタは、シモーヌ・ド・ボーヴォワールの『第二の性』を読んで、こう感想を述べた「彼女のことばは力をもっていました。なぜなら、彼女は私がどう感じているかを知っていたからです……同時に私は、彼女に疎遠感ももちました……そこには「文化の私生児」としての私の経験をあてはめられる空間がまったくなかったからです」（Okely, 1986, p. 4）。
最後に、ジャック・ジョンソンの勝利を告げるラジオ中継への反応は、「陶酔」という点から説明するまでもないだろう。もしある瞬間私が心のままに振る舞うことを許すとするならば、それは他者も同じようにするだろうと私が思う時にだけそうするのが合理的なのだ。

儀式はいかにはたらくか

ルソー（Rousseau, [1755] 1984）の、他の人々と一緒に鹿を狩るか、一人で兎を狩るかという「鹿狩りの寓話」はよく引用される。もし、全員で鹿を狩るなら成功するし、誰もが兎一羽よりもたくさんの食料を得ることができる。しかし、もし二、三人だけでは鹿狩りに出てもまちがいなく獲物はとれず、一人で兎を一羽でも得たほうがよかったということになる。したがって誰もが、他の人々も行く時だけ鹿狩りに行くだろう。「明日の日の出に、鹿狩りに行こう」というメッセージを口頭で広げることはできるが、もっと有効なコミュニケーションの方法は、集会で一堂に会し、皆が計画を知るようにするだけではなく、ただちに全員が他の人々もその計画を知っているとわかるようにして、共通知識を形成することである。この集会を「儀式」と呼ぶならば、私たちの議論に従い、儀式の目的は協調問題を解決するために不可欠の共通知識を形成することである。

すでに議論したように、協調問題は集団による狩りのような特殊な課題だけでなく、政治的社会的権威のような、社会全体に関わる事柄も含む。私たちは権威を、所与の体制を各人が了承するかどうかの決断という観点から考察したが、通常、権威はそれ以上のものであって、たとえば、社会的地位システム、隠されたあるいは明示的な行動規則、社会的相互作用を導く一連の理念と制度を含んでいる。そこで儀式は公共的なものを作り出し、共通知識を作り出す。狩猟の場合には、単なるその計画ではなく、信念と規則のセットを作り出すのである。ザンビアのヌデムブの儀式についてのヴィクター・ターナーの分析には、この考えを支持するものがある。「何らかの一貫した社会生活というものがあるならば、儀式とは、ある特定の文化に属する人々がそれにもとづいて相互作用しなければならない諸条件の定期的な再言明である……ヌデムブがその宗教活動によって、行為の公準への公共的注意喚起を促しているのはまちがいない」（Turner, 1968, pp. 6, 269）。

（男性は彼の母方の親戚と一緒に生活しなければならないが、また妻を彼の村で彼と一緒に住まわせる権利ももつというヌデムブの矛盾した原則による）内的な圧力、（西欧の貨幣経済の侵入という）外的圧力、そして不可避的に生じる個人的な小さな葛藤のため、儀式を通して行動規則を常に「補強する」必要がある。実際、いくつかの儀式はもっぱら、「［社会的な緊張とこわばり］が、集団生活の秩序ある機能を深刻に損ない始めた時、それらを抑制したり是正するよう「設計」されているようにみえる」（Turner, 1968, p. 278）。より一般的には、「多くのアフリカの部族においては、儀式は小さなコミュニティが分裂の危機に瀕した時に最も頻繁に執り行われる」（Turner, 1968, p. 278）。もし行動規則を認識しそれに従うことが協調問題であるなら、そしてもし、緊張と敵意がそれら規則を脅かすなら、「回復」のための行為が差し迫って必要とされることになる。なぜなら、システムから「抜け出す」人々が多ければ多いほど、他の人々がそこにとどまっている誘因が少なくなるからである。

儀式は正確には、どのように社会的統合を助けるのだろうか。ターナー（1969, p. 179）は、アシャンティ〔ガーナ内陸部に存在した王国。アシャンティ人による一連の建築物群は世界遺産〕の高位の僧侶のことばをかなり長く引用している（Rattray, 1923 の記録と翻訳による）。「われわれ信者は……毎年一度、時を決めて、すべての男性と女性、自由人と奴隷が、それぞれの頭に考えていることを自由に話すことができる。彼らは隣人たちに彼らと彼らの行動をどう思っているかを話さねばならず、そして隣人たちのみならず、王や部族長に対してもそうしなければならないのである。これを男が自由に話した時、彼は自分のサンサム（魂）が冷静で静謐であるのを感じ、そして彼が今公然と話した他の人々のサンサムもまた、静謐なのである……彼の目の前で、あなたの彼についての考えを述べることは、双方の利益となる」。ターナーはこれを、「位の高い者が謙虚になる」ための定期的な地位の「平準化」として解釈している。私たちの説明では、重要なのは、他者に面と向かって、公然と話すことができるという点であり、それまで内密に、個人的にもっていた恨み、他者がそうではないかと推測するしかなかった恨みを共通知識とし、したがって公共的に解決可能なものとすることにある。

儀式がいかにその機能を果たすかを理解するためには、普通、そこで用いられるシンボルとことばのさまざまな意味を理解することが必要だと考えられている。しかし、「意味」という観点からでは理解できない儀式の側面を理解する必要があると指摘する人々もいる。たとえば、儀式で語られることばは、典型的に反復が多く、リズムや韻や歌など、「規範的並列」に構造化されている（Jakobson, 1966）。モーリス・ブロック（Bloch, 1974, p. 56）は、マダガスカルのメリナ族の割礼を例にあげている。「参加者は特殊な方法で言語を使う。形式化された発語と歌である。儀式のシンボルを純粋に形式的に分析するなら、この根本的な事実をただ見過ごすことになる」。フリッツ・スタール（Staal, 1989, p. 264）は、「マントラのサンスクリットは、よく理解しがたい方法で用いられる……何かを述べている、あるいは何らかの意味をもつマントラでさえ、儀式的に用いられる場合には、言語学的発語としては用いられない」。スタールは、マントラの儀式性はそのことばの意味にではなく、語られる音節のリズムとパターンにあるとしている。

同じフレーズの反復は、情報理論からみれば冗長性を与えるものと考えられる。しかしスタンレー・タンビア（Tambiah, 1985, p. 138）が記しているように、儀式は情報伝達という以上に「個人間のオーケストレーション……社会的統合と継続性」に関わるがゆえに、情報理論を直接的にあてはめられるわけではない。タンビアによれば、「「情報」によって定義された「意味」ではなく、「パターン認知」によるそれを考えなければならない」。共通知識の生成という面から解釈するならば、反復は単に各人がメッセージを確実に受け取るようにするというだけではなく、他の人々も反復を認識でき、したがって他の誰もがそのメッセージを受け取ったことを確認するためのものである。クロード・レヴィ＝ストロース（Lévi-Strauss, 1963, p. 229）は「なぜ神話、そしてより一般的には口承伝承は、同じ文を二重、三重、四重にも言うことに執着するのだろうか……答えは明白である。反復の機能は神話の構造を明白にすることである」と述べている。私たちの解釈では、反復の機能は、反復そのものを明白にすることである。

ブロックは、言語が儀式において形式化された（「一連の言論行動の固定化」）理由は、伝えられる一連の意味に厳密な限定を加えるためであるとしている。「したがって、発話の形式化は言いうることを著しく制限し、すべての発話行為を似通ったものに、あるいは同種のものにし、この種のコミュニケーションがなされる限り、ほとんど何が語られるかについての選択の余地はない……無限の他者によって唱和される可能性をもちながら、発声が、ごく数人かたった一人にしか追唱されないこともある」（Bloch 1974, pp. 62–63）。この形式化はブロック（1974, pp. 64, 71）にとって、儀式の権威の源泉である。「言語の形式化は、一人の話し手が他者の反応を強要しうるための方法であり、社会的統制の一つの形態だと考えられるからである……歌と論争することはできない」。私たちの解釈では、儀式の参加者は、他の参加者が注意をきちんと払っているかどうか確信することはできない。形式化、つまり一つのフレーズが語られたなら次のフレーズが自動的に続くという事実が、一時的に注意を払っていなかったり、しばらくのあいだ他のことに気をとられていた者にさえ、他の人々がその間に何を聞いていたのかわかるようそれぞれの参加者に保障するのである。多くの反復と構造により、最後の瞬間だけに注意を払っていた人も、最初の瞬間だけに注意を払っていた人が何を聞いたかを知ることができるのである。より長期的に考えるならば、何年も何年も同じ習わしで儀式を繰り返すことは、若い人々に彼が聞いていることは何年も前に年長者たちが聞いたことだという確信を与え、老人たちには、未来の人々が自分の知っていることを知ることになるという確信を与える。儀式の順序の確実さは、反応を強要することによってではなく、共通知識の生成を助けることによって権威を生み出すのである。

ブロックは形式化に「限られた語彙」と「ことわざや聖典などの一定の限られた出典からの例示」を含めている（Bloch, 1975, p. 60）。儀式のこのような側面は二つとも、共通知識を生成するのに役立つ。用いられる語彙と例示が一般的で、混乱の元になりえないことは互いに明白である。タンビア（1985, p. 128）は、儀式が「複数の媒体を使用し、参加者がその行事を強烈に経験できるようにする」ことを見いだしている。したがって、儀式において人は、一つの媒体を逃したとしても別の媒体を通して、他の人々も同じことを経験しているという強い仮定をもつのである。同様に、ターナー（1968, pp. 21, 269）は、儀式には「豊かな多声的（あるいは「多義的」）象徴主義」が含まれるが、それは「劇的な統一であり、その意味では一種の芸術作品である」と述べている。言い換えれば、儀式は同じことを言うためのいくつかの並行した方法をもち、したがって人は他の人々がそのことをある方法では「わからなかった」かもしれないが、別の方法では知ったことを知るのである。聴衆の参加――たとえばかけ声や反応――は共通知識の生成を助ける。人は、他者のしぐさやことばから、彼らが実際に注意を払っていることを知ることができる。タンビア（1985, p. 123）は、A・R・ラドクリフ＝ブラウンの、「何人もの人々が同じ行為に加わり、一体となってそれを表現する」ことを可能にする舞踊についての解釈を引用している。しかし、「身体の動きは一種の言語であり、象徴的シグナルは一人から他者へと多様な動きを通じてコミュニケートされていく」（Bloch, 1974, p. 72）ともいえるが、私たちの解釈はいくぶんそれより単純である。「一体となって」の集団舞踊は、共通知識を生み出すための理想的な手段である。なぜならば誰かが興味を失えば、動きの型が崩れてしまい、それが皆に一目瞭然になるからである。

内向きの円形構造

共通知識を生成するための一つの特別な方法は、すでにバスの乗客の例で述べたように、アイコンタクトである。集団がもっと大きい場合にアイコンタクトに近いのは、全員が顔を向き合わせて円形構造を作り、互いに他の人々が注意を払っていることがわかるようにすることである。おそらくこれが、内向きの円形構造が協調に役立つ理由の一つだろう。

現在のアメリカ南西部のあちこちにみられる有史以前の構造に共通の特徴は、キヴァである。キヴァは一部が地下になっており、典型的に円形をしていて、おそらく人々が互いに向き合って座ったのだろうと思われる。キヴァのいくつかは、壁沿いに煉瓦の長椅子を備えている（図1）。たとえばニューメキシコ州のチャコ渓谷にある大規模なプエブロボニートの「グレート・キヴァ」は、壁のくぼみにビーズが堆積されているなど印象的な特徴をもっている。これらを建設する難しさが、キヴァの重要性を示している。「限定された意味で、グレート・キヴァは、公共の大建築物と考えられる」

図1　ニューメキシコ州，チャコ渓谷，チェトロ・ケトルのキヴァ

図2　テキサス州のフォートワース市議会

（Lekson, 1984, p. 52 ; Lipe and Hegmon, 1989も参照）。ほとんどの解釈者が、キヴァ、とりわけ大きなグレート・キヴァの機能を、村の公共活動を執り行う場所としての儀式的な構造であるとみている。その目的は、世帯や一族を越えて村を統一することであり、そのためには協調問題が解決されねばならなかったであろう。

アメリカとカナダの市議会を調査して、チャールズ・グッドセル（Goodsell, 1988, p. 158）は、伝統的な平行列をなす席配置よりも、曲線にそった席配置のほうがより友好的な雰囲気を作り出すことを見いだしている。曲線にそって席を配置すると、「座っている人々が一つにまとまっているような印象を作り出す」のである。フォートワースの市議会では、議席は互いに向き合うように同心円状に配置されている（図2）。これを建築したエドワード・デュレル・ストーンは、「委員会も市議会のスタイルで開かれてほしいものだ……サークル内では、聴衆たちは評議員だけでなく互いをも目で見合い、反応や感情を観察できる」（Goodsell, 1988, p. 166）。サークル状に座席を配列することの効果についてのグッドセルの説明は、内容にもとづくもので、その意味についての解釈であることに注目してほしい。ストーンの説明は、共通知識、人々が互いに相手を見ることができることから生じる力にもとづいている。

モナ・オズーフ（Ozouf, [1976] 1988, pp. 130-131）は、フランス革命における革命祭では、円形が理想的であると考えられていたことを見いだしている（図3）。そこでは「観衆が感情を平等に共有でき、それぞれが完全に互いを見ることができ……円形闘技場への執着」がある。もう一つの理由は、組織

図3　1792年10月の自由の祝祭

者が、祝祭の境界をできるだけ緩くして、多数を包摂するものであることを強調したかった点にある。円形は、最も外側の観衆によって閉じられながら、もっと多くの観衆がやってくれば有機的に拡大していける。さらには、「円形は、満場一致の象徴であった」。

　最後の説明はまたしても、円形の象徴的意味という内容に依存している。一方、第一の説明は、人々が互いを見ることができるという共通知識に依存している。オズーフが引用している（[1976] 1988, pp. 308, 131）現代の評者たちは、この区別をよく示している。ムーイェファリンは、「円形は、不滅となった事実、再結成と調和の合一に由来する連帯をより象徴する」。デ・ワイリー〔チャールズ・デ・ワイリー（一七三〇―一七九八）はフランスの建築家。代表作に「コメディ・フランセーズ」がある。円形のデザインに強く執着した〕は、「したがってボックス席の前列に座った観客は、すばらしい光景の一部となる。他の人々によって見られている観客の一人ひとりが、自分も共有している喜びに貢献するのである」。円形は、象徴なのだろうか、それともコミュニケーション技術なのだろうか。

オズーフ（[1976] 1988, p. 136）はこう直接答える。「教会を理性の神殿に変えるうえで最も重要だったことは、かつての永遠の父を時の翁に変身させ……あるいは聖セシリア〔ローマ帝国時代の貴族に生まれ、カソリック教徒として殉教したともいわれる聖女。音楽と盲人の守護聖人とされており、ラファエルの絵では、セシリアはオルガネットを持った姿で描かれている〕を平等の女神に変身させた……巧妙さではない。このような転換の真髄は、見捨てられた路傍の礼拝堂や切りつめられた袖廊の中、教会内部の——旗や掛け物、木々や草の葉による——再生など、一目で見渡せる場所に見いだすことができる」。それは単に象徴を変えるという問題ではなく、誰かに見られつつ彼らを見ることができないということのないように、共通知識を生み出しやすいように、祝祭空間の物理的性質を変えることなのである。

『波止場』

おそらく、内向きの円形構造が連帯を象徴する理由の一つは、それが共通知識を生み出すからであり、式典用の短剣が権力を象徴する理由の一つが、実際の武器に似ているからであるのと同じである。ここで、エリア・カザン〔一九〇九—二〇〇三。トルコ生まれ。アメリカの演出家・映画監督。代表作に『波止場』『エデンの東』『草原の輝き』などがある〕監督、バッド・シュールバーグ〔一九一四—二〇〇九。脚本家。映画『波止場』にてアカデミー脚本賞を受賞〕脚本による一九五四年の映画『波止場』で、内側に向き合う円がいかに特定の意味をもって用いられているかを示そう。この映画は、バラバラだった沖仲士たちがいかにして

図4　「給料日」。『波止場』より

連帯してゆき、腐敗した組合「幹部」のギャングたちと対決していくかを描いている。腐敗したギャングの団結は、円形に寄り集まって密談する姿によって強調されている（図4）。

沖仲士たちの受身的態度と無力も、空間的に強調されている。彼らが現れるのは野外の吹きさらしで、決して彼ら自身の場所ではない。地元のバリー神父が、教会の地下で会合をもとうとした時、労働者たちはアイコンタクトを避け、何も言わずにすむように、ベンチのあちこちに散らばって座る。いずれにせよ、棍棒をもったギャングの一味によって、この会合はたちまち蹴散らされてしまう。沖仲士たちが逃げる中、バリー神父はカヨ・デュガンに組合の腐敗について調査中の捜査委員会で証言するよう説得する（それより前に、ジョーイ・ドイルが、証言したために殺されてしまう）。カヨ・デュガンと他の人々とが、はじめて真剣に目を見つめ合う中で、バリー神父は「君たちも立ち上がるのだ。私も君たちと一緒に立ち上がろう」と約束する。

しかし、デュガンがウィスキーの箱を船倉に積んでいる時、積み荷が「偶然」彼の上に落下する。バリー神父は追悼の辞で労働者に決起を促し、これが映画の分岐点となる。デュガンの遺体が船倉の荷台に横たえられる情景は、典型的な労働者の描かれ方である。混乱しており、中心を欠き、箱や潰れたコップが散乱し、人々はまったく別々の方向を見つめている（図5）。

しかしすぐ、労働者層が、何か、葬儀などを、共に経験したのは初めてであることが明らかになる。労働者たちは初めて、何かについての共通知識を得たのである。神父バリーとポップ・ドイルがデュガンの遺体と共にクレーンで引き上げられてゆくと、場面はギリシアの円形競技場のようになってゆき、見守る参加者たちの同心円がもりあがる（図6）。

この映画のメッセージの一つは、旧友に対する「裏切り」が英雄的にもなりうるということであり、『波止場』は明らかに、カザンの非米活動調査委員会に対する自発的供述と関係している（Biskind, 1975を参照）。しかし、公共的であれ私的であれ、強力であれ非力であれ、コミュニケーションが、ただの従属的な文脈ではなく、実際に繰り返される主題となっている。全体を通して、船の警笛と汽笛がアクセントとなり、雇用者たちの力と、公共的にコミュニケートできる彼らの力を思い起こさせる。テリーがジョーイの姉エディー・ドイルに、ジョーイの殺人にいやいやながら荷担したことを告

図 5　引き上げられる瞬間。『波止場』より

図 6　円形競技場としての船の倉庫。『波止場』より

白すると、エディーは手で耳を覆い、目を塞ぎ、そして最後には口を覆ってしまう。『波止場』の後もカザンとシュールバーグは公共性の探究を続け、『群衆の中の一つの顔』（一九五七年）を制作する。この映画ではアーカンソーの放浪の酔っぱらいが、レポーターに見いだされ、ラジオとテレビの番組を与えられて国家的な扇動者になっていく。

大宣伝は効果がある

広告の全般的な社会的重要性は広く認められているが、広告がいかに機能するかについての詳細は明らかでない。デイヴィッド・W・スチュワート（Stewart, 1992, p. 4）は、「九〇年以上にもわたる広告研究が、広告の効果について疑問の余地を残しているとは奇妙であり、いささか当惑せざるを得ない。……未だによく理解されていないことは……いかなる状況下で広告が効果をもつのかと、その効果の明確な形である」と述べている。マイケル・シュードソン（Schudson, 1995, p. 22）は、「メディアの強力な力に対して無邪気な信念をもつ人々を驚かせるに違いないのは、メディアの影響を測定するのがいかに困難かということである。……「私たちは実際、ほとんど理解していないんですよ」［と、あるメディアコンサルタントは言う］。「もしもっとよく知っていたなら、私たちは危険でしょう」」。ここで私は、広告は一部、共通知識の生成という側面から理解できると言いたいのである。

特定の商品を購入することも、さまざまな理由から協調問題となりうる。技術的な理由としては

「ネットワーク外部性」（Katz and Shapiro, 1994）がある。人はマッキントッシュのコンピュータやファックスやDVDプレイヤーを、他の人々も買うなら自分も買う傾向がある。なぜならそれを買う効用は、それを購入する人数が多いほど高くなるからである。「事務機器販売店にファックスを買いに行くのは、単に二〇〇ドルの箱を買うというだけではない。二〇〇ドルで、すべての他のファックスマシンのネットワーク全体を買っているのである」（Kelly, 1997）。社会的な理由もまた、きわめて強い理由になりうる。たとえば友人や同僚と話ができるというだけの理由で、映画『タイタニック』を観たいと思うかもしれない。もしミラー・ライト・ビールに人気があれば、友達が来た時にきっと喜んでくれるその銘柄を出せるから、そのビールを買うだろう。協調問題は新製品についてもあてはまる。なぜなら、流行の先端をいくという楽しさや他の人々に差をつけるため、あるいは単に他の人々も同じ商品を買っているということを知っていれば、新製品を買う時に自分が間抜けだと感じないですむからである。「商品から得られる喜びは、多くの人がそれを消費したがっている時にいっそう大きくなる。なぜなら、人はいつでも人気があるものに遅れをとりたくはないからである」（Becker, 1991, p. 1110）。

　マスメディアは単に受信者にメッセージを配信するだけではなく、受信者に互いに他の受信者についても知らせるのだということはすでに示されてきた。ジェームズ・W・ウェブスターとパトリシア・F・ファーレン（Webster and Phalen, 1997, p. 120）は、「メディア・イベントを見ている人は、莫大な聴衆が参加していることを知っている可能性が高い。このような認識はイベントの魅力の一部であり、メディアは世界中の推定聴衆数を報告したがる」と書いている。ダイアナ・マッツ（Mutz, 1998）は、いかにマスメディアが他の人々の意見についての人々の意見に影響を与えるかを研究している（Davison, 1983の「第三者効果」も参照）。ナオミ・ウルフ（Wolf, 1991, pp. 74, 76）は、女性雑誌が「偏見や予断の可能性という障壁を越えて、女性のしゃべりたいという欲求を箪笥から引っ張り出した。他の女性が実際何を考え、感じ、経験しているのか……。すべての女性がこの方法で世界中の女性の文化に参加できるのである」。マスメディアが共通知識をいかに生成するかを理解するためには、広告を最も必要とする商品、すなわち「協調問題」商品の広告キャンペーンに注目すべきであろう。

一九二〇年代、近代広告の幕開け時代に一役買って大成功したキャンペーンは、「リステリン」の「口臭」キャンペーンである。リステリンはもともと、外科用の消毒薬として売られていたが、うがい剤として改めて市場に出された。「口臭《ハリトーシス》」ということばは臭《くさ》い息についての医学用語で、それまであまり知られていなかったが、ランバート製薬はこのことばを使うことによって、「それほど露骨でなく、臭い息について述べる」ことができた（Lambert, 1956, p. 98）。広告の効果は絶大で、その最高時には、雑誌と新聞で広告を目にした者は一ヵ月あたり一億一〇〇〇万人にものぼった（Vinikas, 1992, p. 33）。そしてその売上げは七年間で四〇倍にもなったのである（Marchand, 1985, p. 18）。この成功を説明するために、「当時の衛生志向」（Sivulka, 1998, p. 158）を持ち出すのはたやすい。これはしかし、原因というよりも結果である。この広告キャンペーンがひとえに、「朝のシャンプーや髭剃りと同じくらい、朝のうがいを重要なことにした」（Lennen 1926, p. 25）のである。それは、「ドラマ広告」

を展開した最も初期の広告キャンペーンの一つでもあった。たとえば、一人の哀れな若い女性が口臭を自覚しておらず、したがって「花嫁の付添にはなれても花嫁にはなれない」。しかし広告キャンペーンの成功は、広告主から個人消費者への効果的なコミュニケーションにだけ起因するのではなく、共通知識の生成、つまりいかに暗黙なものであれ、消費者間のコミュニケーションにも起因するのである。

「口臭」は単に丁寧なことばというだけでなく、医学用語である。この広告は、「口臭」が「臭い息」を意味する医学用語であることをはっきりとさせた。そうすることで、口臭があるのは不潔な人間だからなのではなくて、誰にもありえる状態の犠牲者なのだと思えるようにした。近ごろ慢性疲労症候群の人々が、これは「実際」病気なのだと考え、「過食症更生会」の会員が「「強迫性過食症」という名称は役立つと認めているのと同じである。そうすることで、自分だけでなく、他の人たちも同じように悩んでいるとわかる」（Chapkis, 1986, p. 25）。リステリンでうがいすることは、個人がすることではなかった。「二〇世紀初頭に、それを口に含んでうがいをしたなら、下品だと思われただろう。リステリンは、手術室の壁に向かって使われるべきものだったのだ」（Twitchell, 1996, p. 144）。もし他の人々もリステリンを使おうとしていると知ったならば、人々はいっそうリステリンをうがい剤として使うようになるだろう。こうしてリステリン広告は、同じ悩みをもっている人は皆同じ治療を試みるだろうと、潜在的顧客に考えさせることに成功したのである。

この広告キャンペーンの規模の大きさだけからみても、他の人々もまたその広告を見たと推測でき

図7　「もしあなたの友達が本当に率直であったとしても」
『リテラリー・ダイジェスト』1921年11月21日

ただろう。しかしそのうえに、広告は一貫して共通知識（の欠落）という点に焦点を合わせていた。口臭に悩んでいた人たちは、他の人々がそのことを知っているということがわかっていない。広告の見出しには、「もしあなたの友達が本当に率直だったとしても」（図7）、「彼らはあなたのいないところで言うでしょう」、「勇気があるなら、あなたの親友に尋ねてごらんなさい！」そして、「彼だってわざわざ言ったりはしないでしょう」（『リテラリー・ダイジェスト』一九二一年一一月二一日、四五頁／一九二一年一二月一七日、五四頁／一九二二年二月一一日、五九頁／一九二二年一二月九日、五八頁／Marchand, 1985, p. 18も参照）。礼儀正しい社会では、友人はそういうことをあけすけに言うことはできないので、口臭があると伝え、その人の衛生状態が確実に社会基準にかなうようにする唯一の方法は、広告を通じてそれとなく示唆することである。他の人も口臭に気づいているということへの知識が欠けているということが十分伝わったとみるや、広告は「適切なコミュニケーションとアドバイスという大きな真空地帯を満たすことに歩を進めた」（Marchand, 1985, p. 22）。一九二〇年代のコーテックス〔生理用品〕の広告キャンペーンもまた、同様の問題に直面した。コーテックスも、気軽に話せない性質のものだった（女性が名前を口にするのは恥ずかしかったので、何の変哲もない茶色のパッケージに包んでカウンターの上に置かれ、代金をそっとおいて買えるようになっていた［Sivulka, 1998, p. 163］）。広告は女性に、コーテックスを「育ちの良い女性の一〇人のうち八人が使っている」と請け合ったのである（Marchand, 1985, p. 23）。

この口臭キャンペーンを、人々が今ほどメディアずれしておらず、もっと繊細だった時代だったか

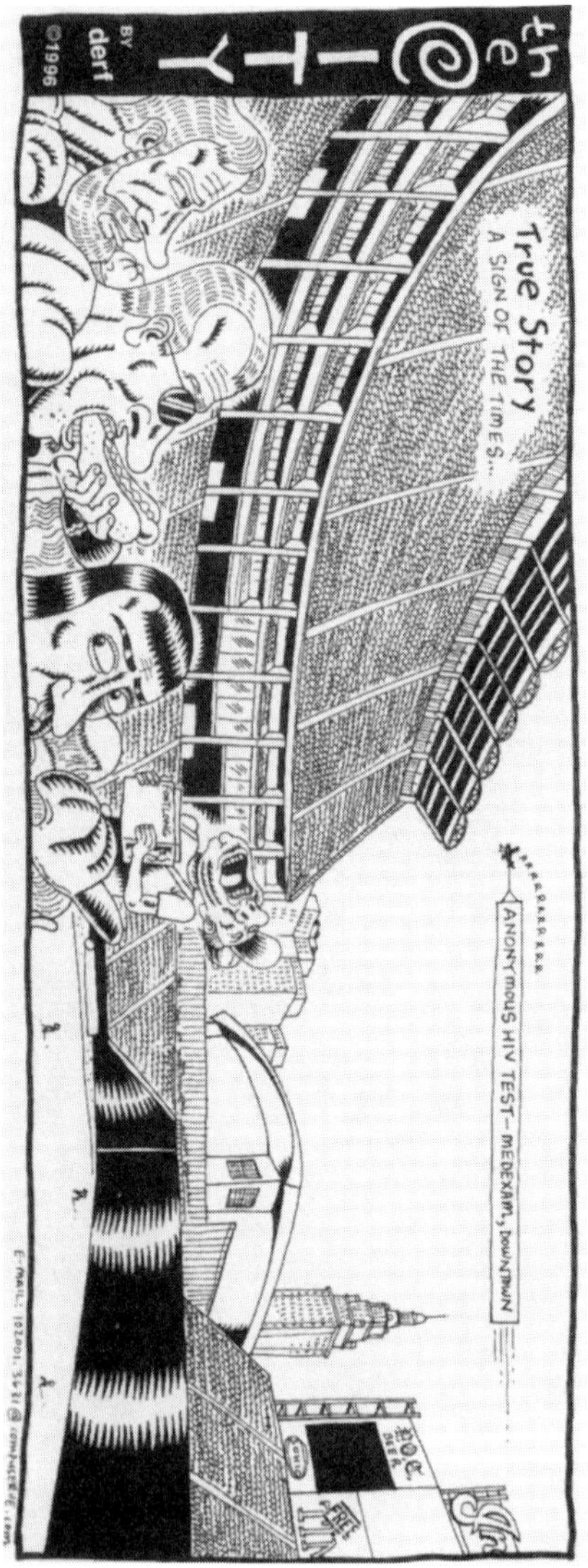

図8 「実話――時代の記号」オハイオ州，クリーヴランド，ジェイコブス・フィールド。デルフ作 1996.

ら効果があったのだと解釈してはならない。図8では、クリーヴランドのジェイコブス・フィールド〔二〇〇八年からプログレッシブ・フィールドに球場名を変更〕で、野球ファンが匿名のＨＩＶ診断を勧める広告の垂れ幕を引っ張っている飛行機を見上げている。明らかにここでの風刺は、エイズのような慎重に扱うべき事柄が、開けっぴろげに、またお祭り気分で、澄みわたった野球場の上空を飛んでいることである〔図8の作者のデルフ・バックデルフ（一九五九年生）はアメリカの漫画家〕。エイズはわれわれの時代の病であるが、この戦略はまさしく「口臭」の場合と同じである。

ＨＩＶの診断を受けることがそれほど異例のことでないとわかれば、ＨＩＶ診断を受けやすくなるだろう。しかしこのことは日常会話からはわからない。だが野球場で飛行機を見上げれば、他の人々も同じ物を見ていることは明らかである。

広告は、それがなかったら人々が気にもかけないようなことについて「需要を作り出す」と、よく議論されてきた。たとえば、一九〇〇年代の初期には「化粧品をそれとわかるようにつけるのは、中流階級のアメリカ人のあいだではきわめて不適切なこととされていた」（Vinikas, 1992, p. 57）。しかしこれは、おそらく個別の需要を作り出すという問題よりも、コミュニティの標準に従うという個人に深く根ざした根元的な必要を引き出すという問題であって、常に存在している協調問題である。こうして、全国誌への広告などの共通知識を生み出すメカニズムは、友人との会話など、既存の共通知識メカニズムが最も弱い事柄、個人的な衛生状態や容姿のような「微妙」で「タブー」とされる事柄に対して最大の優位性を発揮する。近代広告の強い外的影響と戦っている人々は、「タブーを破り」互いに自由に話すことによって共通知識を内的に作り出し、広告の優位性を減少させようとする。だからたとえば、ただ二五人の女性たちが自分の身体、外見、自己イメージについてあけすけに語っているだけの本も、政治的動員の観点から解釈することができる。「われわれの美の秘密が共有されるまでは、真に説得力のある結論はありえない」（Chapkis, 1986, p. 3）。

それが何であるか、ある程度明らかになってから需要を生み出すような商品がある。たとえば娯楽には一般的な需要があるが、通常特定の映画に対する需要はそれが公開されるまではない。人気映画を観たいと思い、皆が話しているものを知りたいと思う限り、映画を観ることは協調問題である。一例をあげると、「『インディペンデンス・デイ』は巨大な超現象であって、観客は自分がその熱狂の一部であることを自慢する類の擬似イベントである」（Wolcott, 1996）。最初の映画・劇作宣伝家の一人であるハリー・ライケンバックは、文字どおりにサーカスとともに旅することから始め、後にダグラス・フェアバンクスや、ルドルフ・バレンチノのようなスターを売り出した。ライケンバックは、共通知識の巨匠だった。競争相手の劇場であるリリック座が彼の顧客であるS・Z・ポーリのブリッジポート座の寡占状態を脅かした時、ライケンバックは、最初は口コミのキャンペーンを行い、リリック座はもろい流砂の上に立っているから安全でないという噂を流した。もちろん、これが公に言われたのなら、公に否定することもできただろう。次に、リリック座が「ディヴォーソン」と「南の空の下で」の二つの劇を上演しようとしていることを知って、彼は地元新聞の半面に広告を出した。そこで、ポーリは「彼に『ディヴォーソン』と『南の空の下で』をそのシーズンに再演するよう懇請した何人か」に感謝を述べた。「しかし、この二つの演目はあまりにも長く、またしばしばブリッジポート座で演じられてきたため、住民の半分は細部まで知っており、したがってそれらを上演するつもりはない」と続けた（Reichenbach, 1931, p. 130）。もちろん、どちらの劇も以前に上演されたことはなかった。だがこの広告は、自分以外の誰もが見たのだと思わせた。カール・サンドバーグの広告塔としての月のイメージ（「お父さん、月は何の広告をするの?」Sandburg, 1936, p. 8）の五年前に、ライケンバックはクララ・キンボール・ヤング〔一八九〇―一九六〇。シカゴ生まれの映画女優〕の映画の封切り日、雪の舞うマンハッタンの空に強力な照明をあて、緑に染めたのであった（Reichenbach, 1931, p. 164）。ハリウッドは一九七〇年代このかた、封切り直後から多数の観客を動員することをめざした「ハイ・コンセプト」映画〔一言で言えるようなわかりやすい内容をもち、膨大な広告費をかけられる映画をさす〕がますます主流となっている（Wyatt, 1994）。かつては映画は、ニューヨーク市で封切られ、徐々に国中に広がっていったものだった。しかし、これが一九七〇年代に変化した。映画『明日の壁をぶち破れ〔原題　ビリー・ジャック〕』は通常どおりニューヨーク市で封切られたが、成績はかんばしくなかった。しかし一九七三年五月に南カリフォルニアで、「一週間に二五万ドルという前代未聞の広告費を投じて再上映された時には……その反応は圧倒的だった。第一週目の総収入一〇二万九〇〇〇ドルは、南カリフォルニア映画史上最高の売上げだった」（Wyatt, 1994, pp. 110–111）。「自主興行《フォー・ウォーリング》」として知られているこのマーケティング技術は、広く模倣された。現在の映画広告には必ず、全国の公開日が記されている。まさにその日に観客が来てくれることを期待しているのである（De Vany and Walls, 1999 も参照）。

この流行は映画産業以外にも広い影響を及ぼした。明らかにマッキントッシュの「一九八四年」のテレビ・コマーシャルは、映画『スター・ウォーズ』のマーケティングに刺激されたものだった（Johnson, 1994）。今日、「相乗効果」を利用したマーケティングに非常な努力が払われている。初期の例でいえば、一九七六年の『キング・コング』の封切りには、「ジム・ビーム・キング・コング記念ボトル……キング・コング・スポーツウェア……セブン・イレブン・キング・コング・カップ、キング・コング・ピーナッツバター・カップ、キング・コング・ＧＡＦ・ビューマスター・スライド」が現れた（Wyatt, 1994, p. 150）。このトレンドを個人で体現したのがバスケットボール選手のシャキール・オニールで、一連の承認商品（リーボック、スポルディング、ペプシを含む）、ビデオゲーム、本、ラップ・レコード、映画出演などを通じて一貫して同一のイメージを提供し、同じトレードマークの名前「シャック」を名乗り、同じ「シャック」ロゴをつけた。マイケル・ジョーダンはその前のマーケティング時代の象徴だが、彼の商品ラインアップはそれぞれに異なるイメージをもっている（Lane, 1993）。

最近になって、ライケンバックの「商業主義」がコンピュータ産業によって再生された。一九九五年八月二四日、マイクロソフト社はウィンドウズ95の発売に際して、エンパイア・ステート・ビルを紅、青、橙、緑に照らし出した。約一〇億ドルと推定される前例のない世界的規模のマーケティングをくりひろげ（Auerbach and Crosariol, 1995）、マイクロソフト社はロンドンの『タイムズ』紙の印刷部数すべてを買い取り、折込み広告と一緒に無料で配り、一八メートルのウィンドウズ・バナーを世界で最も高い独立構造建築物であるトロントのＣＮタワーにつり下げ、シドニー港に四階建ての高さのウィンドウズ95の箱を曳航し、フィリピンでは最初のディスクセットをフィデル・ラモス大統領に手渡した。この熱狂が必要だった。なぜなら、ある産業アナリストが述べたように、「オペレーティングシステムをアップグレードしようと思う人がほとんどいなかったとしても、それは自己成就的予言だった」（Helm, 1995）。すなわち、人々は他の人々もそうするだろうと考えてはじめて、アップグレードするのである。オペレーティングシステムのアップグレードは、協調問題なのである。マイクロソフト会長のビル・ゲイツによれば、「惰性を克服するためには、大いに興奮を作り出さねばならない」(Helm, 1995)。コンピュータのオペレーティングシステムのような協調問題商品は、単なる興奮だけでは足りない。共通知識を必要とするのである。

アメリカにおける共通知識の最良の生成者は、毎年定期的にテレビで放映される最高の人気番組、スーパーボウルである。一九八四年のスーパーボウルでマッキントッシュが広告されて以来、スーパーボウルは新製品の初舞台となってきた。一九八六年のスーパーボウル中にディスカバー・カードは、少なくとも六回の広告を流し(Horovitz, 1987)、クライスラーの車、ネオン、ナイキやリーボックの運動靴の新モデル、それほど成功はしなかったもののクリスタルペプシなどがそこでデビューを飾った(Lev, 1991; Johnson, 1994)。ディスカバー・カードは、「ネットワーク外部性」のよい例である。消費者は、十分多くの小売店が受け入れるのであれば使うし、小売業者は十分多くの消費者が使うのであれば受けつける。もし他にも多くの人が買うということを知っていれば、人々は車の新モデルを買うだろう。たとえば人気のない車は修理が難しかったりサービス料が高くなるだろう。ある程度公共的に消費される車、衣服、靴、ビール、ソフトドリンクなどを購入することは、消費者が流行に参加していることを示したいと思っているなら、協調問題となる。

スーパーボウルで広告された商品を見ると(表1、『USAトゥデイ』より作成)、車、ビール、ソフトドリンク、映画、衣服や靴などが優勢なのがわかる。これらの商品の購入は、協調問題という観点から理解でき、電池、車用オイル、朝食のシリアルなどの「非社会的」商品は比較的少ない。ビール、

表1　スーパーボウル（1989-2000）で広告された商品

種類	広告数	代表的な広告主と商品
ビール	86	バドワイザー，バドライト
ソフトドリンク	71	ペプシ，ダイエットコーラ
車	70	ドッジ，トヨタ，日産
通信	49	フェデックス，AT&T，ノキア
映画	39	インディペンデンス・デイ
衣服と靴	37	ナイキ，リーボック
金融	33	VISA，アメリカン・エクスプレス
ファストフード	20	マクドナルド
家庭薬	20	アドヴィル，タイラノール
ウェブサイト	20	モンスター・コム
スナック菓子	20	ドリトース
コンピュータ	13	インテル，アップル・コンピュータ
髭剃り製品	10	ジレット
鍵	8	マスターロック
家電製品	6	パナソニック
食物	6	豚肉，ホーメルチリ
タイヤ	6	グッドイヤー，ミシュラン
航空会社	4	デルタ航空
海運会社	4	ノルウェー・クルーズ・ライン
ホテル	3	ホリデイ・イン
小売業	3	シアーズ，ジャスト・フォー・フィート
電池	2	レイヨバック
レンタカー	2	アラモ，ハーツ
シリアル	2	ジェネラル・ミルズ，ケロッグ
運動器具	2	ソロフレックス
車用オイル	2	クウェイカー・ステイト
公共サービス	2	アメリカ国勢調査
シャンプー	2	セルサン・ブルー
掃除機	2	ダート・デビル
レンタルビデオ	2	ブロックバスター・ビデオ
建材	1	オーウェンズ・コーニング
制汗剤	1	ファバージュ・パワー・スティック
眼鏡	1	ラクソティカ
オートバイ	1	ヤマハ

車、そして髭剃り用品などが優勢であることは、視聴者が男性に偏っていることからも説明できる。しかし、たとえばダイエットペプシなどのソフトドリンクの広告、アメリカン・エクスプレスなどの金融広告は、とくに男性向けというわけではない。同じく注目されるのは、フェデラル・エクスプレス、ＡＴ＆Ｔ、ＶＩＳＡなどの古典的な「ネットリーク経済」企業で、スーパーボウルの視聴人口構成や商品連関という意味では、直接のつながりがないようにみえる。

スーパーボウルの広告に見られる近年のトレンドは、ウェブサイトの広告が現れたことである。一九九九年のスーパーボウルではウェブサイト広告はわずか三つしかなかった。ホットジョブス・コムは、ほとんど年間広告費の半分近い金額を一つのスポット広告に使い、モンスター・コムは広告スロットを二つ購入した（McGraw, 1999）。しかし二〇〇〇年のスーパーボウルでは、さらに一三のウェブサイトが加わった。ホットジョブス・コムとモンスター・コムは、共に就職・転職情報のサイトで、その成長は真の意味で協調問題だといえる。仕事の欲しい人がモンスター・コムを見るのは、潜在的な雇用者たちも同じくモンスター・コムを見ていることを知っている場合に限る。そしてその逆もまた真である。モンスター・コムの広告戦略は共通知識にかかっており、スーパーボウルの「威信」や視聴者の人口構成にではないことは、スーパーボウルの視聴者数に迫るきわめて熱狂的なテレビ・イベントであった、バーバラ・ウォルターズによるモニカ・ルインスキーへのインタビュー放映の広告時間を買ったことからも明らかである。業界出版誌『アドウィーク』は、こう書いている。「とくに意味はないのかもしれないが、先週水曜日のバーバラ・ウォルターズのモニカ・ルインスキー独占インタビューに広告することにしたインターネット企業の数には驚かされた。他の広告主は……スキャンダルのスーパーボウルと呼んで、距離をおいたそうだが」（Taylor, 1999）。

スーパーボウルの膨大な観客が例として十分でないならば、スーパーボウルにおける広告のいくつかが、大観衆が問題であることを示している。「バド・ボウル」の広告は、一万六〇〇〇のバド缶の観客が見守る「スタジアム」で、バドワイザーのビールが他のビールと競うというものだった（Kahn, 1989）。ロールド・ゴールド・プレッツェルのスポット広告では、ジェイソン・アレクサンダー〔一九五九年生。アメリカ人映画俳優〕が、スーパーボウルの試合中と思われる競技場にパラシュートで降り立ってスポーツキャスターをびっくりさせ、観客の盛大な声援で迎えられる（「スーパーテレビ・コマーシャル、本拠地に飛び込む」一九九五年）。スーパーボウルが商品の初お目見えの場であることは、比喩としても使われる。スーパーボウルは、毎年「スーパーサンデー」に行われるところから、パラマウント社のUPNテレビ・ネットワークは『スタートレック・ボイジャー』シリーズ開始を告げる印刷広告で、こう宣伝した。「スーパーサンデーの前に、スーパーマンデー準備完了！　新しいテレビ放送と新しい宇宙船があなたを未体験世界へと誘います」（『シカゴ・リーダー』一九九五年一月一三日）。これはフットボールに関係があるのではなく、共通知識の生成に関係している。友人が見ると思うと自分もその番組を見る傾向が強くなるという点に、意味があるのである。

ケーブルテレビが始まって以来、そしてインターネットが普及してからはなおさら、テレビ放送は全般的に人気を失いつつある。「『セインフェルド』のような近年のテレビの大ヒットでも」、大きな家具のようなテレビセットが家庭の「電子的心臓部」（Tichi, 1991）として機能していた「一九六〇年代の『ビバリー・ヒルビリーズ〔邦題じゃじゃ馬億万長者〕』などの人気番組の三分の一の視聴者しか引きつけていない」（Rothenberg, 1998）。スーパーボウルのようなメディア・イベントは（より一般的には、Dayan and Katz, 1992 参照）、テレビの最後の拠り所である。社会の細分化が進んでいるにもかかわらず、「国中の他の誰彼と同じように同じ時刻に人気番組を共有する喜び」は残っている。「「テレビの価値は経験の共有である」……とCBS社長の〔ハワード・ストリンガーは主張している」（Zoglin, 1993）。「ニューメディア」の広報担当者でさえ、共通知識の重要性を認識している。インターネットとともに、誰でも自分の興味にあう内容だけを書いた新聞を、簡単に発行できるようになった。しかし、ウェブマーケティング会社の社長デイヴィッド・ワインバーガー（1995）は、次のように述べている。「そのようなミクロ的個別化は、集団に共同体の感覚を与えるのを助けるという、新聞やその他書籍雑誌の主たる強みの一部を奪ってしまうだろう。……私が今見ている本や雑誌は、それを手にした他の人々が見ているものと同一である……という事実は、共同体としてわれわれ全員が何を知っていると考えるかという期待の基礎を形成するのだ」。

ジョージ・W・S・トロウ（Trow, 1997, pp. 83, 36）は、「テレビ史上最も重要な瞬間は『ファミリー・フユード』〔一九七六年に始まる家族チームで競い合うクィズ番組。リチャード・ドーソンは初代司会者〕のホスト、リチャード・ドーソンという男が、一〇〇人にアメリカ女性の平均身長を尋ねた結果の答えをクイズ参加者たちに推測するよう求めた瞬間だった」と記している。トロウは、「そこには何の現実性もない。事実はまったくない。……この番組のプロデューサーたちにどうして何の咎めもないのか、知りたいものだ」。しかしテレビの主な目的は事実を伝達することだろうか。『ファミリー・フュード』がテレビ史上最も重要な番組であるとすれば、それはこの番組が他の人々が知っていることを知っている人に報奨を出したからである。

公共化の価格

テレビ・コマーシャルはおもしろい逸話だけではなく、定量的証拠も提供してくれる。アメリカの三大テレビネットワーク（ABC、CBS、NBC）で、特定の年（一九八八年一〇月、一九八九年二月、一九八九年七月）の三ヵ月に広告した一一九のブランドを検討してみよう（本データは著者から提供可能である）。特定のブランドがどの番組に広告を出しているかを見て、各番組の広告価格と視聴者統計を知れば、そのブランドの全体的な広告戦略を知ることができる。

他の人々が買えば買うほど、自分もそれを買うようになる商品を「社会的」商品と呼ぼう。社会的商品の購入は協調問題である。視聴者は一般にどの番組に人気があるかを知っていると仮定すると、ある商品が人気番組で宣伝されれば、多数の人々がその広告を見るだけでなく、その視聴者は多くの人々もその広告を見たことを知る。したがって私たちの議論では、社会的商品は人気番組で宣伝されるべきだということになる。これらのデータは実際に、社会的商品はより人気のある番組で宣伝されること、そして社会的商品の広告主は視聴者数に応じてより高い額を喜んで支払うことを示している。

ほとんどすべてのテレビ局の、視聴者数（格付け）と人口構成はニールセン・メディア・リサーチ社によって評価されている。ニールセンはまた、番組ごとのテレビ・コマーシャルのスロットの値段を、実際の取引額からではなく、テレビ局の報告にもとづいて推定している。実際、特定の番組の広告スロットには「固有の」価格がついているわけではない。テレビ・コマーシャルのスロットは、複雑な交渉を重ねてブロック単位で売買される（Poltrack, 1983）。この価格データは唯一入手可能なもので（一九八〇年に連邦通信委員会に公表された実際の契約データは例外。Fournier and Martin, 1983 参照）、少なくとも広告主とテレビ局自身も依拠しているものである。私たちのデータでは、どのブランドがどの番組で宣伝をしているかの情報に大きな制約がある。ニールセンが契約した顧客ブランドのデータだけが入手可能で、しかも一〇月、一一月、七月の分だけである（詳細については、Webster and Lichty, 1991, p. 222 参照）。この一一九ブランドの標本は大変限定されているうえ、無作為に抽出されたものでも代表性をもつものでもない。しかし、少なくとも各ブランドについては、ニールセンがテレビ・シーズンを代表するとして選んだこの三ヵ月について、テレビ・コマーシャルの全戦略が全コストと視聴者の人口構成の詳細とともにわかる。

表2は、社会的ブランドと非社会的ブランドを商品類型ごとに示したものである。きわめて大まかではあるが、「社会的」ブランドにはコンピュータに加えて、典型的に家庭の外で使われることの多い商品を含めた。このデータでは、社会的ブランドとして、アップルのマッキントッシュ、ＩＢＭの事務機器、アメリカ陸軍、ドミノ・ピザ、ガロ・ワインズ、一三種のビール銘柄がある。コンピュー

タは、技術的に機種間に互換性がなければならないゆえに社会的商品である。ビール（そしてワインとピザも同様であるが）は、自分が買う時には自分の友人が知っていてしかも好むだろう銘柄を買うし、聞いたことのない珍妙なビールをパーティに持参する変わり者にはなりたくない、あるいは他の人と同じ銘柄のビールを飲むという共通体験に加わりたい等々の理由から、社会的商品だといえる（Pastine and Pastine, 1999a, 1999b も参照）。この分類はどうみても一時的なものであるが、少なくとも、典型的に家庭内で消費される商品は社会的商品であることが少ないと考えられる。なぜなら、誰も他の人々が何を消費しているのかわからないからである。ゲイリー・ベッカー（Becker, 1991, p. 1110）によれば、「ある商品に対する消費者の需要は、他の消費者の需要に依存している……。レストランでの食事、試合観戦や観劇、コンサートに行くこと、本について話すことはすべて社会的な活動であり、そこでは人々は商品やサービスを一緒に、そして部分的には公共的に、消費しているのである」。

表2はまた、平均的な視聴者数とそれぞれの商品類型ごとの視聴者一〇〇〇人あたりのコストも示している。それぞれの数字の意味は、例を示すとわかりやすいだろう。もしブランドＸが九〇〇万の視聴世帯数をもつある番組の三〇秒テレビ・コマーシャルスロットに二万五〇〇〇ドル支払い、三〇〇万世帯の視聴者をもつ番組の三〇秒のテレビ・コマーシャルスロット二つにそれぞれ一万ドル支払ったとすると、ブランドＸの平均視聴者数は五〇〇万世帯であり、一〇〇〇世帯あたりの平均コストは三ドルになる。なぜならコストの総額は四万五〇〇〇ドルであり、全部で一五〇〇万世帯の「単純合計視聴者数」があったことになるからである（Webster and Lichty, 1991, p. 192参照）。平均視聴者数は、

表2　ブランド・カテゴリーごとの平均視聴世帯数と1000世帯あたりのコスト

カテゴリー	カテゴリー内のブランド数	典型的ブランド	平均視聴世帯数(100万)	1000世帯あたり平均コスト(ドル)
社会的ブランド				
軍隊	1	アメリカ陸軍	5.9	10.1
ビール	13	クアーズ・ライト	7.3	10.5
コンピュータ	2	アップル・マッキントッシュ	5.4	9.5
ピザ	1	ドミノ・ピザ	9.5	9.1
ワイン	1	ガロ・ワイン	7.9	9.1
全体	18		7.1	10.2
非社会的ブランド				
乳児用品	2	チュブス・ベイビー・ワイプ	4.6	4.8
入浴関連	3	カレス・ビューティ・バー	7.4	7.0
電池	2	エネジャイザー	5.3	5.8
漂白剤・洗剤	6	クロロックス・ブリーチ	5.9	4.6
カメラと現像	2	キヤノン・カメラ	6.9	10.7
キャンディ	2	ケアフリー・ガム	6.1	4.2
シリアル	27	ケロッグ・クリスピックス	6.0	6.3
脱臭剤	6	アリッド・デオドラント	5.6	5.2
食品	12	シェッズ・スプレッド	5.5	5.0
ヘアケア製品	10	ヘッド・アンド・ショルダーズ	5.5	5.0
家庭用洗剤	14	リゾール	5.3	3.9
家庭用医薬品	10	ニュープリン	5.3	5.2
ペットフード	1	ミルク・ボーン・ビスケット	5.7	4.8
髭剃り	2	アトラ・プラス・レザー	7.8	9.7
歯磨き粉	1	アクアフレッシュ	4.3	5.5
木材ワックス	1	ミンワックス	4.5	5.1
合計	101		5.6	5.4

そのブランドのテレビ・コマーシャルが現れる番組の人気を示し、一〇〇〇視聴世帯あたりの平均コストは、そのテレビ・コマーシャルがどのくらい高価かを示す。視聴者数は世帯数で示しており、この期間全米に九〇四〇万世帯があった。

まず気づくのは、一〇〇〇世帯あたり平均コストは、社会的ブランドのほうが非社会的ブランドよりも一貫して高いということである（例外は、髭剃り、カメラおよび現像である）。つまりビールとピザの広告主は、電池や脱臭剤の広告主よりも高額を払ってよいと思っているのである。もしビールの広告主が脱臭剤の広告主と同じ広告戦略をとったならば、同じ金額でほぼ二倍の合計視聴者数を得ることができることになる。第二に、社会的商品の視聴者数は非社会的商品よりも大きい。二つの例外（入浴関連、髭剃り）を除いて非社会的商品のカテゴリーの視聴世帯数は七〇〇〇万以下であり、二つの例外（軍隊とコンピュータ）を除き社会的商品の視聴世帯数は七〇〇〇万以上である。コンピュータ、キヤノン・カメラ、アメリカ陸軍はこのデータ中で他とは違い数ドルを超える値段のブランドなので除外すると、この差異はより鮮明になる。

図9は一一九ブランドすべての平均視聴世帯数と一〇〇〇世帯あたり平均コストをグラフにしたものである。ここでも第一に気づくのは、社会的ブランドが人気番組で広告されているという傾向である。次に気づくのは、社会的ブランドの広告キャンペーンは、視聴一世帯あたり、より高い広告料を支払っていることである。

この結果は私たちの説を支持するものであるが、もちろん別の説明もできる。まず浮かぶのは、人

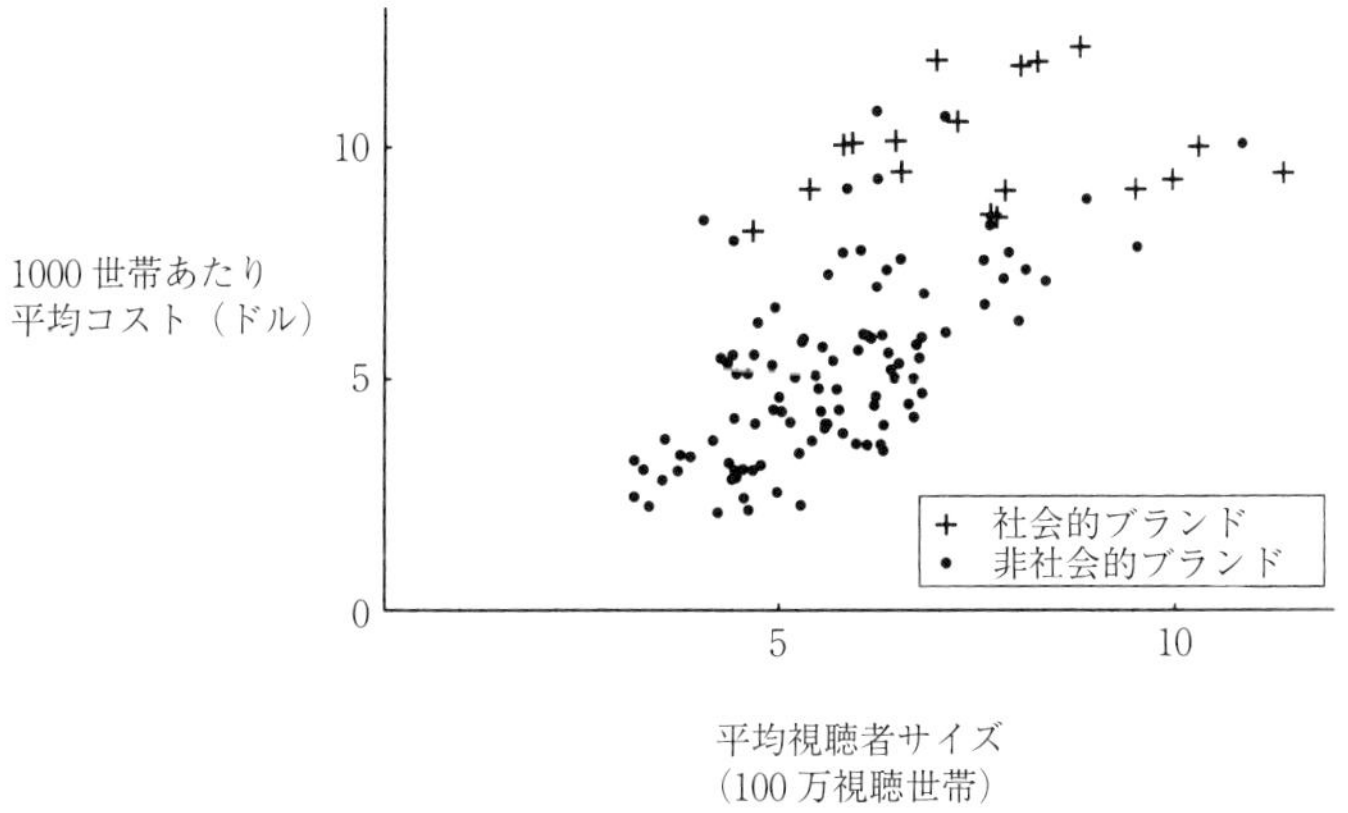

図9　1000世帯あたりコストと平均視聴世帯数

気番組の視聴者の属性はより好ましいという説明である。ニールセンは、年齢、性別、宗教、居住郡の大きさ、郊外か都会か、世帯人数、子どもの有無、世帯収入、ケーブルテレビへの加入の有無など、四〇以上の属性について記している。各番組の視聴者属性と、どの番組に広告主がテレビ・コマーシャルを出しているのかを知ることができるから、ブランドの広告キャンペーンの視聴者属性構成がわかる。

次に可能な説明は、広告キャンペーンが続けられることによる累積効果と関連する。ここには「視聴者の重複」という問題がある。二つのテレビ・コマーシャルをそれぞれ五〇〇万人が見たとしても、二つの視聴者はかなりの程度重複しているから、合計は一〇〇〇万人に満たない。したがって、一度に一〇〇〇万人に達する番組のテレビ・コマーシャルスロットのほうが、合計人数は同じであっても、より高価になる。幸運なことに、各広告キャンペーンの

「四週間到達率」、つまり、その月の間に少なくとも一つはテレビ・コマーシャルを見た世帯の割合データが入手可能なので、これを累積視聴の指標とする。

こういう複雑さに対応するための標準的な分析道具は、回帰分析である。表3はその分析結果を示している。ここでは月ごとの広告キャンペーンを対象とするため、三五七の観測値がある。

回帰分析（i）では、一〇〇〇世帯あたりのコストを従属変数に、視聴世帯数と月（季節変動調整のため）を独立変数にしている。視聴世帯数の係数は0・59と十分大きく、統計的にも有意である。回帰分析（ii）では、視聴者の属性とテレビ・コマーシャルへの累積接触の変数を加えたところ、この係数は0・25まで下がったが、経済的にも統計的も有意である。なぜなら視聴世帯数は、平均六一一万人、標準偏差が二五九万人、そして一〇〇〇世帯あたりの典型的コストは五ドルから六ドルであるから、視聴世帯数を一標準偏差分拡大すると、一〇〇〇世帯あたりのコストは、一〇から一五パーセント増加する。視聴者の属性カテゴリーは、きわめて自明である（都市部は全米二五のメトロポリタンエリアに属する郡である。準都市部はほぼ一五万人以上の人口をもつその他の郡である）。ニールセンが報告しているいくつかの属性カテゴリー、たとえば世帯の大きさや子どもの有無は、この回帰分析に含めなかった。なぜなら、それらを加えてもほとんど変化がみられなかったからである。すべての属性変数は、広告キャンペーン全体の視聴世帯に対する、各グループのパーセンテージである。たとえば、典型的な広告主は、働く女性が一一％の視聴者には一〇％の視聴者より、一〇〇〇世帯あたり一六セント余計に支払うということになる。属性カテゴリーに関しては、勤労女性、中年男性、世帯収入が

表3　1000世帯あたりの平均広告コスト（従属変数）と平均視聴世帯数，視聴者の属性，4週間到達率と社会的商品（独立変数）の回帰分析

1000世帯あたり平均コスト（ドル）				
回帰分析	(i)	(ii)	(iii)	(iv)
社会的商品			4.29***	1.17***
平均視聴世帯数（100万）	0.59***	0.25***		
勤労女性		0.16*		0.42***
女性18-34歳		−0.06		−0.13*
女性35-49歳		−0.03		−0.27*
女性≧50歳		0.02		0.06
男性18-34歳		0.13*		0.03
男性35-49歳		0.29*		0.37**
男性≧50歳		−0.08		−0.25***
収入 ＞ $60,000		0.40***		0.36***
東部中央		−0.08		−0.14
西部中央		0.12		0.04
南部		−0.08		−0.13*
太平洋		0.06		0.19**
都市		−0.05		−0.12*
準都市		0.08		0.09
ケーブル有料契約		−0.19**		−0.11
ケーブル基本契約		0.04		0.26***
4週間到達率		−0.0001		−0.0015
2月	−0.98**	−0.72***	−1.49***	−0.73***
7月	0.77*	0.88***	−0.45	0.30
切片	2.37***	0.22	5.89***	0.93
R^2	0.33	0.84	0.36	0.83

*** p ＝0.001で有意　** p ＝0.01で有意　* p ＝0.05で有意

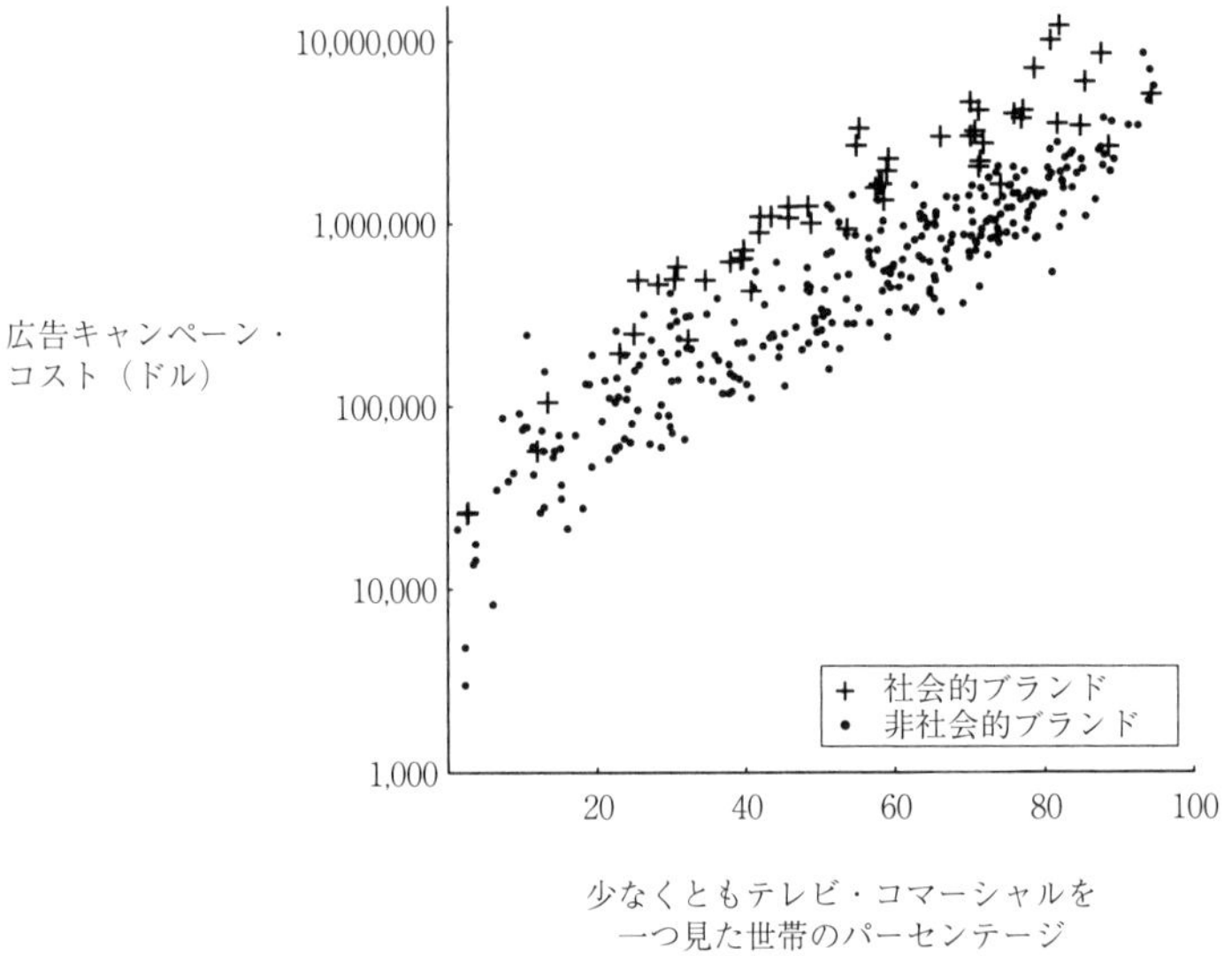

図10　全広告キャンペーン・コストと4週間到達率

六万ドル以上の視聴者になら、広告主は喜んで余計な金額を支払うようである。四週間到達率の係数は小さく、統計的に有意ではない。

　回帰分析（iii）と（iv）では、視聴世帯数のかわりに、社会的商品にダミー変数を与えて分析した（社会的商品であれば1、社会的商品でなければ0）。結果は、属性変数について修正すると、社会的商品の製造者は一〇〇〇世帯あたり広告費をかなり多く支出する（一・一七ドル、約二〇%多い）。なお、累積効果は重要ではない。

　三番目に可能な説明は、ほとんどテレビを見ない人々は最も人気の番組を見る傾向が強いというものである。このような人たちが見るのは人気のある番組だけ

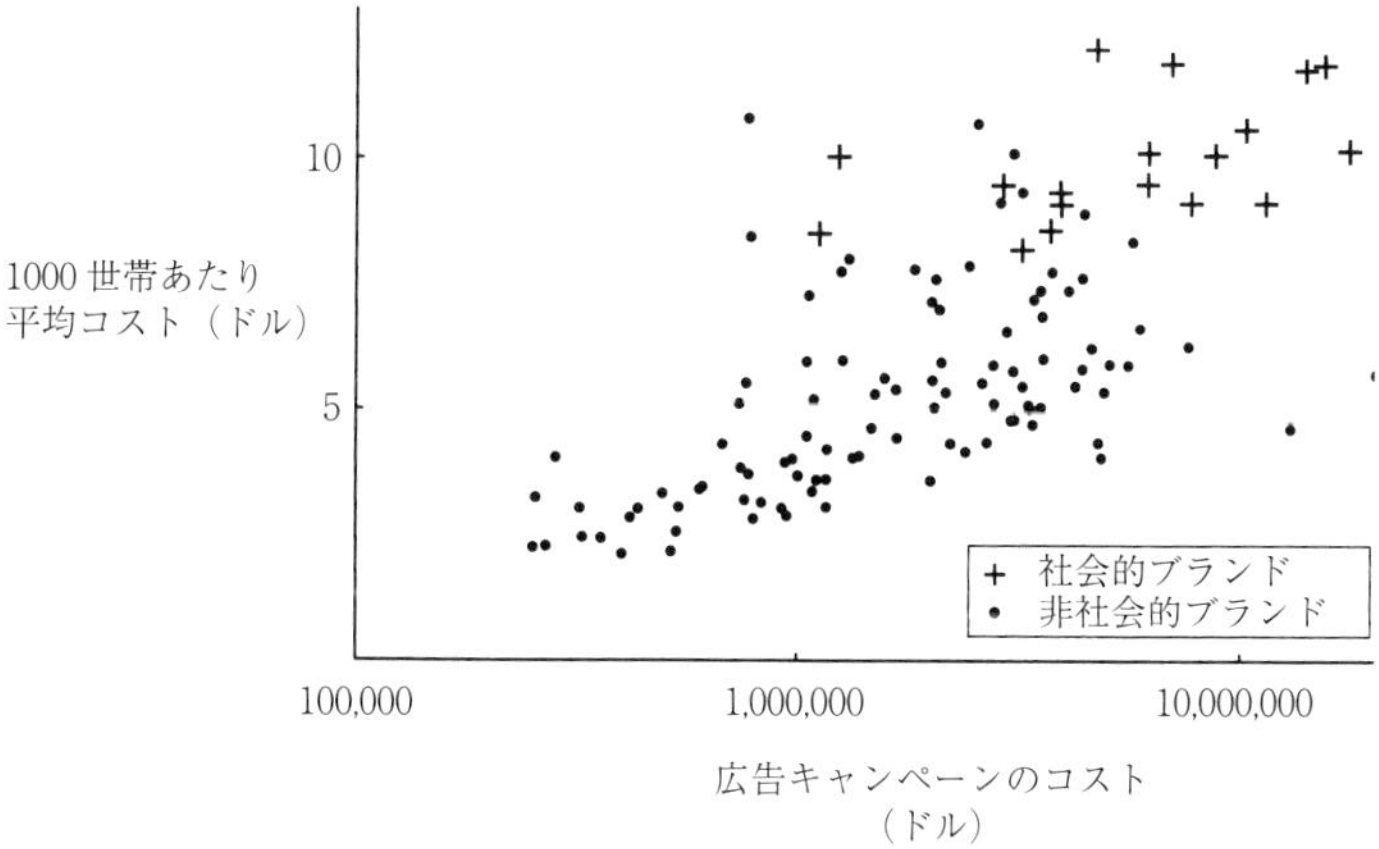

図11　1000世帯あたりのコストと広告キャンペーンの全コスト

だから、人気番組はより高い価格を設定でき、社会的ブランド製品の製造者はこういう、テレビをあまり見ない人々にも広告を見てもらうためにプレミアムを支払うだろう。しかし、図10に三五七の観測値における月ごとのキャンペーンについて、全コストと四週間到達率の関係を示しているが、この図からもわかるように、これは事実ではなさそうである。残りの世帯に広告を浸透させるには指数関数的にコストがかかることは事実であるが、社会的ブランドの製造者はテレビ・コマーシャルへの露出累積度がどのレベルの人々に対しても、一貫して多くを支払っていることも事実なのである。

　四番目に考えられるのは、単に社会的ブランドの広告主は、非社会的ブランドの広告主よりも多くの広告を出す必要があるという説明である。テレビ・コマーシャルのスロットの全体数は決まっているから、社会的ブランドの広告主は、より高価な番組を買わざるを得ない。一一九の各ブランドについて、一〇〇〇世帯あたりの平均コストと一年間の広告キャンペーンの全コストをプロットしたものが図11である。これは、社会的ブランドは非社会的ブランドよりも概して広告に力をいれるという予測（たとえばBecker, 1991, p. 1113）を確証している。グラフから、非社会的ブランドの多くも相当額を広告に費やしているが、一世帯あたりでみるとはるかに少額にとどまっていることがわかる。すなわち、社会的ブランドは、単に広告量が多いから一〇〇〇世帯あたりに高いコストを支払っているわけではない。

他にもいくつか考えられる説明はある。人気番組は他の番組よりもおもしろく、したがって視聴者はそのテレビ・コマーシャルもよく覚えているだろう（Webster and Lichty, 1991）。人気番組の広告料が高いのは、その質がより優れていることを示している（Nelson, 1974；Kihlstrom and Riordan, 1984；Milgrom and Roberts, 1986）。人気番組の数は比較的少ないから、テレビ局はこれらの番組で有利に交渉でき、したがって高価格を設定できる。人気番組にはより説得力があるから、購買嗜好をより巧みに変化させうるということもあるだろう（Dixit and Norman, 1978）。人気番組の視聴世帯数と属性はより予測しやすいだろうから、リスクを回避したい広告主にとっては魅力的だろう（Fournier and Martin, 1983）。これらの説明はすべて、なぜ人気番組のほうが視聴者一人あたりのコストが高いのかを説明できるが、なぜ社会的商品は人気番組で広告を出す傾向があるのかは説明できない。言い換えれば、想起、品質、説得、リスク回避などが、なぜ非社会的商品よりも社会的商品でより大きく問題となるのかについては、明白な説明がないのである。

私たちの分析の最大の問題は、社会的商品の標本がきわめて限られたもので、男性向け商品、とりわけビールが主になっていることである。すでにみたように、この点をある程度修正することはできるが、社会的商品の効果のかわりに、ビール愛好家効果を調べているという可能性もある。この問題をきちんと解決する唯一の方法は、他の社会的商品、とりわけ異なる消費者属性をもつ商品、たとえば靴、洋服、ソフトドリンクなどについて、入手可能なデータを調べることである。

その他に、もっと概念的な問題としては、他の人々も同じ商品を買うだろうというので商品を買うのか、それとも、もっと単純に他の人々がその商品を知っているとわかっているから買うのかを区別するのが難しいという点がある。たとえばマスターロックは、スーパーボウルで二〇年連続宣伝しているが、拳銃で撃たれても壊れない鍵の広告スポット一つに、たとえば一九九一年度広告費の大半を投じている（Amos, 1991）。鍵を買う時、他の人々が同じ銘柄の鍵を買うかどうか、私は気にしない。むしろ、潜在的な泥棒も含めた他の人々が、鍵を頑丈だと思うかどうかが大事だ。鍵という商品の一つの側面は、協調の喚起よりもむしろ、公共性なのである（Becker and Murphy, 1993 ; Keller 1993, p. 4）。

個別の商品が社会的であるか否かを判定するのも難しい。しかしアンナ・ハーヴェイ（Harvey, 1999）とジュリエット・ショア（Schor, 1998）の研究で、公共的行動と非公共的行動を区別するという考えが、経験的に役立つことが明らかにされている。ハーヴェイは、アメリカにおける政党所属者の割合——たとえば自分を政党の党員だと考えるか、またどちらの政党が勝つか気になるかを尋ねて測定——は、投票時に政党帰属意識を公に登録できる州においてより高いことを明らかにした。これは、政党支持行動は協調問題であることを示している。もし政党支持行動が、たとえば、主として個人の忠誠心の問題であるならば、党員登録法によってこのような差異はもたらされないはずである。ショアは女性用化粧品を分析し、女性は人前で用いる口紅のような化粧品を買う時には高価な「地位を示すブランド」ものを買い、洗顔料のように一人で使うものを買う時にはそうではないことを発見している。

人気番組は視聴者一人あたりより高価であるという私たちの知見は、番組横断的データではなく地域横断的にみたデータについてもあてはまる。フィッシャー、マクゴワンとエヴァンス（Fisher, McGowan, and Evans, 1980）は、地方テレビ局の収入は単に全視聴者世帯数ではなく、全視聴者の世帯の平方で増加することを発見している。同様にオッティーナ（Ottina, 1995, p. 7）は、地方テレビ局の市場が大きいほど、一世帯あたりの広告収入が大きくなることを見いだしている。またワースとブロック（Wirth and Bloch, 1985, p. 136）は、テレビ番組『ＭＡＳＨ』〔一九七二～八三年に放映されたアメリカ陸軍野戦外科病院を舞台とする医療ドラマ〕の広告スポットに地方テレビ局が課した金額は、視聴世帯数の増加に比例する以上であったことを見いだしている。これについても視聴者属性の違いや、それぞれの地方テレビ局の市場力など、さまざまな説明が可能である。私たちのデータから純粋な非線形性を導き出すのに、ほとんど問題はない。なぜなら、同じ全国規模の視聴者と広告市場にもとづくものであり、完全な属性と累積接触の指標を含んでいるからである。

前述したように、いくつかの説明が人気番組は視聴者一人あたりについてより高価であるという発見と矛盾せずに成り立つ。社会的商品の広告主はより人気のある番組の広告スポットをかなりのプレミアムをつけて買っていることを併せて示すことによって、人気番組であるほど共通知識を生み出し、したがって協調問題を解決するのにより適しているという説明を、私たちは提示できた。いずれにせよ少なくとも私たちの理論は、単に論理的に緻密なだけではなく、実証的に検証可能でもあるといえよう。

強い紐帯と弱い紐帯

集団の協調のための一つの重要な資源は、その集団の構成員の社会的関係の型である。ジェームズ・コールマン（Coleman, 1988）は、「社会関係資本」についての議論で、デモ動員の基礎となった韓国の学生運動家たちの「学習サークル」の例を引用している（詳細は Lee, 2000 参照）。ジェームズ・スコット（Scott, 1990, p. 151）は、「伝統的な群衆行動に明らかに認められる社会的協調は、親族、職業紹介、近隣、儀式、日常の職業的なつながりなどを通して……、下位集団の構成員が参加する共同体のインフォーマルなネットワークによって達成される」と記している。ロジャー・グールド（Gould, 1995, pp. 18–20）は、反乱が協調問題であり、かつ共通知識が社会的関係を通じて形成されることを明確に述べている。「社会運動の潜在的新参加者は、十分に大きく、動員によって成功の可能性が多少とも保証される程度に連帯している集団の一部であると考えた時にのみ参加する。彼らがこの判断を下すために必要とする重要な情報源は……社会的関係であり、［それは］共有されている利益を相互に認識する（そしてこの認識についての認識……を認識する）メカニズムである」。

しかしながら、「強い」紐帯と「弱い」紐帯の相対的効果に関係するのだが、場合によっては疑問が浮かびあがってくる。紐帯の強弱の区別は、社会ネットワーク分析の早くからの知見である（Granovetter, 1973）。簡単にいうと、強い紐帯は親しい友人を結びつけており、弱い紐帯は単なる知人を結びつけている。実証研究では一般的に（Rapoport and Horvath, 1961）、強い紐帯は社会を「ゆっくりと」拡げる。任意の人から始め、その親友を二人見つけ、次にまたこの二人の親友をそれぞれ二人ずつ見つけるという具合に進んでいく。これを繰り返していくと、そのグループは緩慢に拡大していく、なぜなら、えてして新しい人が加わってこないからである。私の親友の親友は、私の親友でもあることが多い。もし、かわりに、二人の知人を次々と加えていったならば、そのグループは迅速に拡大する。私の知人の知人は、私の知人でないことが多い。弱い紐帯は社会を「素早く」伝わっていく。アメリカのどんな任意の二人も、わずか六本の弱い紐帯で連結していることが示されている（Milgram, 1992 ; Kochen, 1989も参照）。弱い紐帯は広く拡散する傾向があり、一方強い紐帯は地域内で内向きに留まる傾向がある。つまり、広範に社会を連結させるためには、強い紐帯よりも弱い紐帯が重要である。情報を拡散させるためには弱い紐帯のほうがより重要なのである（Granovetter, 1995 ; Montgomery, 1991も参照）。図12は、それぞれ三〇人で形成されている強い紐帯のネットワークと弱い紐帯のネットワークの例を示している。点が一人の人を示し、矢印は情報の流れる方向を示している。

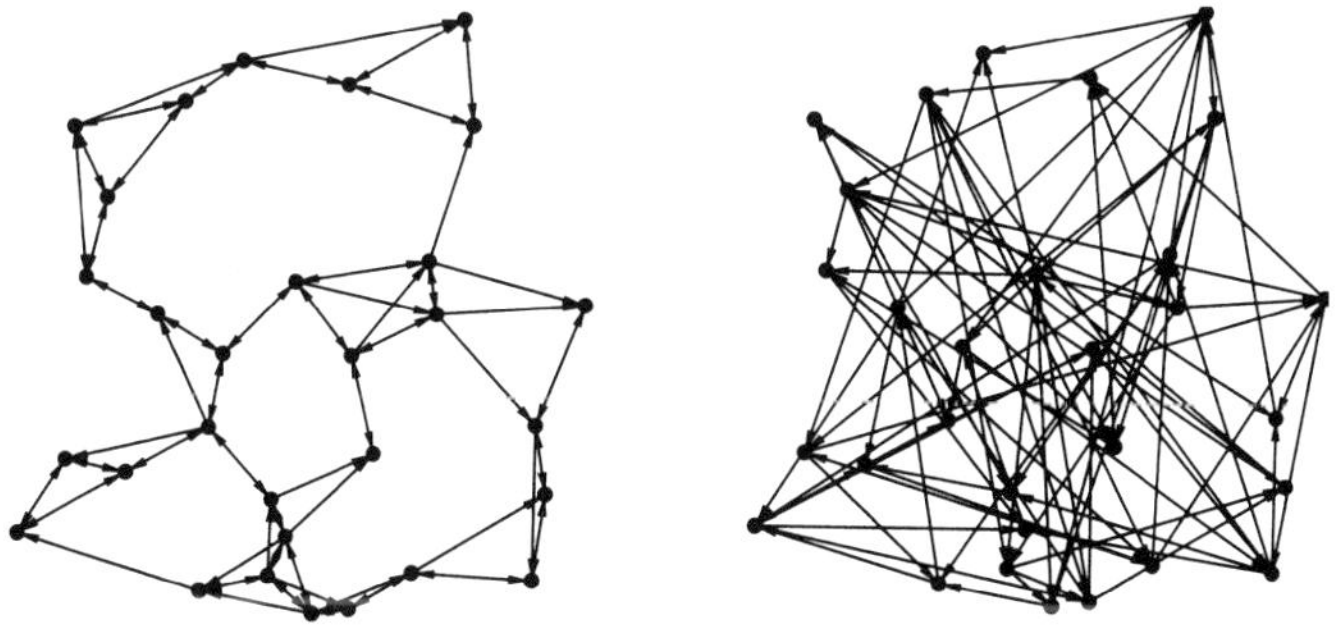

図12　強い紐帯と弱い紐帯

両方のネットワークにおいて、それぞれの人は友人三人から情報を受け取っている。したがって二つのネットワークの「密度」は等しく、紐帯の数も同じである〔双方向の矢印の紐帯の数は2となる〕。強い紐帯のネットワークでは、友人の友人は友人であることが多いが、弱い紐帯のネットワークにその傾向はない。同様に、強い紐帯のネットワークにおいては、友人から、そして友人の友人から、そして友人の友人の友人から（……以下同様）情報を得るため、四段階目に来てもあなたが得られる情報は、ネットワークの三分の一の人々からでしかない。弱い紐帯のネットワークでは、四段階目で、ネットワーク内のほとんどすべての人からの情報が得られる。

もし協調行動がコミュニケーションに依存しているのであれば、コミュニケーションは弱い紐帯のネットワークにおいて迅速なので、弱い紐帯のネットワークのほうが適切だと考えられる（Gould, 1993 ; Macy, 1991 ; Marwell and Oliver, 1993 参照）。しかし問題は、多くの証拠が強い紐帯のほうが重要であると示していることである。ダグ・マクアダムは、一九六四年のミシシッピにおける「フリーダム・サマー」の自主的参加者たちのデータから、他の潜在的な参加者たちとの強い紐帯の存在が運動参加と強く正に相関しており、弱い紐帯とのあいだには相関がないことを見いだしている（McAdam, 1986 ; McAdam and Paulsen, 1993 ; Fernandez and McAdam, 1988 も参照）。個人の新技術導入の選択を分析した「普及」についての古典的な研究では、導入の割合は、実際には弱い紐帯の存在と負の相関があった（Valente, 1995, p. 51）。

この問題を解く一つの方法は、強い紐帯はコミュニケーションを通じて機能するのではなく、まったく別のメカニズム、たとえば社会的影響によって機能すると考えることである。「普及のチャンネルとしては弱い紐帯のほうがより効果的であるが、強い紐帯のほうが行動に影響を与えるのに大きな潜在能力をもっている」（McAdam, 1986, p. 80）。もちろん、この意見は妥当であり、疑いなく社会的関係は、情報、影響力、感情を含むいくつかの異なるものの経路である。しかし、共通知識の重要性を強調する私たちの説は、コミュニケーションの観点だけから考えても、強い紐帯のほうが優れていることを示している。つまり、強い紐帯はコミュニケーションのメカニズムに頼らなくとも、明らかに優れうるのである（詳細は Chwe, 1999b, 2000 を参照）。

この点を理解するために、単純な例をあげてみよう。四人の人がいて、それぞれ、参加の閾値が三人であるとしよう。つまり、合計三人以上が参加するならば、その人はグループ行動に喜んで加わるとする。図13に示すような「四角」型と「凧」型のネットワークを考えてみよう。この二つのネットワークでは、すべての紐帯は対称（コミュニケーションは両方向）である。たとえば、参加するか否か

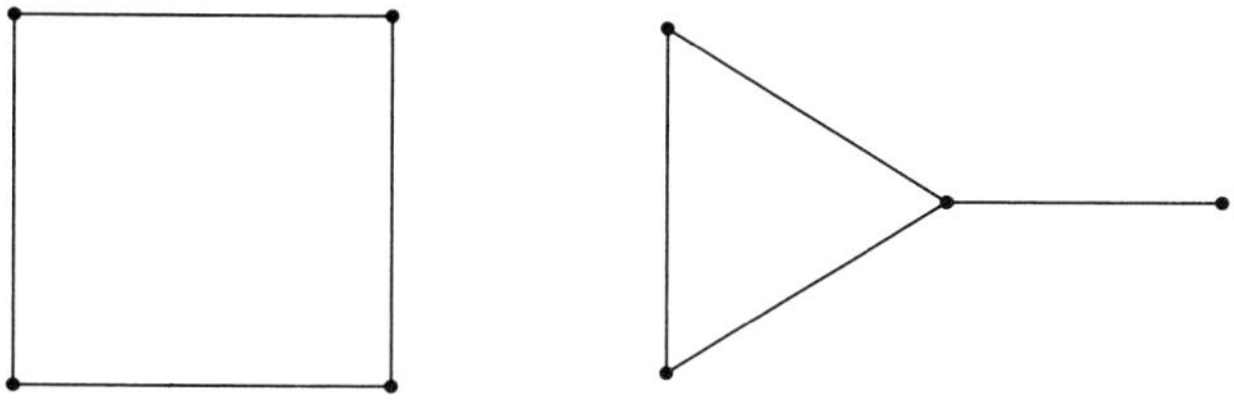

図13　四角と凧のネットワーク

決定する前に、それぞれの人が参加の意思、その閾値を隣人に伝えたとしよう。四角型ネットワークにおいては、それぞれは、閾値が三人である人が三人いることを知っている。自分自身と隣人二人である。つまり、各人はグループ行動を可能にするだけの十分な集合的な雰囲気があるとわかっている。しかし、たとえば私が参加するか否かを考えているとしよう。たとえば、私の右隣の人について、私は何を知っているだろうか。彼の閾値が二人であることは知っている。私は彼の隣におり、したがって、私の閾値が三人であることを隣人が知っていることを、私は知っている。けれども、私は、私は彼の向こう側の隣人については何もわからない。その人は、もしかしたらまったく参加したくないのかもしれず、その場合には、私の右隣の人は絶対に参加しないだろう。だから私は右隣の人が参加するはずだと当てにするわけにはいかない。したがって私は参加しない。こうしてグループ行動を可能にするのに十分な雰囲気があり、さらに皆がそれを知っているにもかかわらず、誰もが参加しないのである。他の誰もが知っているということが誰にもわからないために、協調が成立しない。この事実は共通知識ではないのである。

凧型のネットワークにおいては、「三角形」の中にいる各人は、自分の両隣の閾値が三人であることを知っている。しかしここでは、自分の両隣の二人もそれぞれの閾値を知っていることを皆知っている。三角形の中の三人については、閾値が三人である人々が三人いるということが各人に知られているだけではなく、各人がこの事実を知っていることを皆が知っているのである。したがって、「三角形」を構成する三人は参加し、協調は成立する（三角形の中にいない四番目の人は参加しないので、成功は少なくとも部分的である）。

この例では、爪型ネットワークのほうが四角ネットワークよりも優れている。この違いを、紐帯の総数（どちらも四である）などの要約指標や、各自の隣人数（爪型ネットワークの二人の参加者は、四角ネットワークと同様に二人の隣人しかいない）のような、もっと詳細な指標に帰すことはできない。爪型と四角型ネットワークの違いは、純粋にネットワーク構造の違いなのである。爪型ネットワークにおいては、三角部分の構成要員は、自分の友人たちが相互に知り合いであるとわかっているから、グループに参加する。

しかし、これこそがまさに、強い紐帯一般の強みなのである。もしあなたと私が潜在的な参加者で強い紐帯でつながれているならば、あなたの友人はたいてい私の友人であり、友人グループに参加したいという気持ちは、私たちのあいだでは共通知識であろう。あなたと私が弱い紐帯でつながっていても、私はあなたの友人を知らないし、あなたも私の友人を知らない。つまり、弱い紐帯は常にコミュニケーションに優れているという考えは、コミュニケーションが「一段階」の知識のみに関わるもので、他の人々が何を知っているかについては関係しないという前提に立つからである。弱い紐帯は広範にコミュニケーションを成立させるためには適当であるが、局所的に共通知識を形成するためには強い紐帯のほうがよりよいのである。協調行動、したがって共通知識の問題がない時には、弱い紐帯はより優れている。たとえば、弱い紐帯は就職機会を見つけるためにはより優れている（Granovetter, 1995）。しかしながら、社会的協調のためには、強い紐帯に利がある。

マックアダム、ロンネル・ポールセン（McAdam and Paulsen, 1993, p. 658）は、広範な分析をして、宗教集団や公民権団体などの組織は、人々に「高度に明確なアイデンティティとそのアイデンティティにもとづいた活動に対する強い社会的サポートを与える」ことを見いだしている。興味深いことに、組織への所属と強い紐帯の存在の双方を分析に含めると、強い紐帯の強い正の効果は消えてしまう。しかし、組織への所属と強い紐帯は単に基礎にある同じ「変数」の指標なのかもしれない。グループに参加したいという思いが共通知識なのである。集合行為についての実証研究の多くは、調査によるものである。たとえば、カール＝ディーター・オップとクリスティアーネ・ゲルン（Opp and Gern, 1993）は、東ドイツの崩壊に至ったデモの参加者を調査した。彼らは単に、参加者それぞれに、友達が参加したかどうかを尋ね、これが本人の参加を予測する有意な変数であることを見いだした。紐帯、そして共通知識の重要性を確認する方法の一つは、参加した友人たちが互いに知っているかどうかを各人に尋ねることである。

協調行動は共同体、あるいは「下位文化」から生じると思いがちである。しかし、何が共同体を作っているのだろう。共通知識の論理をあてはめれば、共同体は人々が数多くの希薄な関係しかもたない都市の中心部のようなものではなく、むしろわずかの友人ではあっても友人の友人が互いに知り合いであることの多い近隣社会のようなものということになる。

一望監視刑務所《パノプティコン》の礼拝堂

ジェレミー・ベンサム〔一七四八―一八三二。イギリスの法学者・哲学者。功利主義を考案〕はしばしば合理的選択理論の創始者の一人とみなされるが、「一望監視」刑務所の設計を思いついて、それを詳細に記述し、その実現のために二〇年以上も倦むことなくロビー活動をした（Semple, 1993）。中央の監視塔の周囲に円形に独房を配したデザインはベンサムの生存中は実現されず、実際の監獄建築にも限られた影響しか与えなかった。しかし近年、一望監視刑務所はアナロジーとして非常な成功をおさめた。ミシェル・フーコー（Foucault, 1979, p. 205）によれば、それは「理想的な形態に縮約された権力メカニズムの構図」である。一望監視刑務所は三通りに可視性を構造化している。看守はすべての独房を一箇所の優位な位置から見ることができ、看守は囚人から見られることなく囚人を見ることができ、そして囚人同士は互いを見ることができない。したがって、一望監視刑務所は囚人房を中央の「監視塔」のまわりに円周状に配置し、監視塔の窓はブラインドつきの曇りガラスで、誰にも中が見えないようになっており、囚人の房を区切る「延長仕切り壁」が、囚人の視線を限定するよう内側に延長されている。これらの特徴は中心性、非対称性、そして分離といえよう。普通、一望監視刑務所が機能する原理は、まったく明白であると考えられている。しかしこれら三つの特徴のうち、どれが最も重要であるか、少なくとも必要であるのか、そしてこれらが実際どのように機能しているのかについては、明らかではない。何が一望監視刑務所を一望監視刑務所たらしめているのだろうか。

ベンサム自身は手紙の中で、「一望監視刑務所の真髄は、よく知られている最も効果的な見られることなく見る工夫と組み合わされた監視者の立場の中心性にある」とし、分離を高く評価してはいない。後日の追記の手紙で、ベンサムは、延長仕切り壁は必要ではないとはっきり述べている（Bentham, [1791] 1843, p. 44）。ベンサムは積極果敢に一望監視刑務所を普及させようとし、監獄のみならず病院、学校や工場など、社会的建築物一般にまでそれを応用しようとした。ベンサム（[1791] 1843, p. 60）は、時には非対称性と分離は必須ではなく選択可能であると明確に述べている。イリノイ州ジョリエットのステートヴィル矯正センターのユニットFは、アメリカで現に用いられているわずかな一望監視方式の刑務所であるが、ここには中心性だけがある。囚人たちは動き回ることも話すこともでき、房に閉じ込められている時も互いを見ることができる。中央の監視塔は、図14のように外からもよく見えるほどオープンである（Foucault, 1979, plate 6も参照）。

分離の目的は明らかである。囚人たちのコミュニケーションを妨げ、協調行動を防ぐことである。ベンサム（[1791] 1843, p. 46）によれば、「看守を制圧するためには、手を取り合って団結し、心を一つにすることが必要である。だが彼らが収監された時から互いの目を見交わしたこともない者同士のあいだで、いかなる団結や協調がありうるだろうか」。フーコー（1979, p. 200）によれば、「この不可視

図14　イリノイ州ステートヴィル刑務所のユニットF

性が、秩序を保証している。収容者が犯罪者であっても、集団逃亡を試みる共謀の危険はない」。

中心性は主として効率のためであるようにみえる。看守の数が少なくてすみ、人件費も低い（近年のロサンジェルス郡の「ツインタワー」最高警備刑務所については、Rendon, 1998を参照）。非対称性も経費削減に役立つ。なぜなら囚人たちは自分がいつ監視されているのかわからないため、あたかも常に監視されているものとして振る舞わなければならないからである。一望監視刑務所はしかしながら、ただ経費削減を意図したものではなく、まったく異なる種類の権力の原型である。そこでは非対称性が最も重要な要素だと考えられる。ナンシー・フレイザー（Fraser, 1989, p. 23）が説明しているように、一望監視刑務所は、「新しい知識の生産過程と新しい種類の権力を結びつける微視的行為……」のプロトタイプなのである。「このつながりは視線の非対称性という特徴に依存していた。そこには一つの方向性しかない――科学者あるいは看守は収容者を見ることができるが、逆はない……なぜなら一方向の可視性は、収容者が、いつ監視されているか、実際に監視されているかについて知るのを拒み、収容者に監視の視線を内在化させ、実際には自ら監視するようしむけたのである」。

フーコー（1979, p. 202）によれば、非対称性は看守と囚人の「見る者／見られる者の二者関係を切断する」。しかしこの二者関係の分析は、どのようにして囚人が互いのことを知り、互いにコミュニケーションをとるかについて考察していないという点で不完全である。非対称性は（分離とともに）もう一つの重要な機能をもつことは明らかである。共通知識の形成、ひいては囚人同士の協調行動を妨げる機能である。

このように論じる証拠は、フーコーやそれ以後の多くの論者がほとんど無視してきた、一つの設計上の特徴である。ベンサム（[1791] 1843, p. 47）は追記文書で、中心性の一つの利点が、監視塔の上に礼拝堂を配置できることにあることを、ながながと記している。これにより囚人たちは「房を出ることなく……礼拝の恩恵を受ける」ことができる。「労働の場と祈りの場への行き来で押し合ったり群がったりすることはない。いさかいも共謀も脱走計画もない。しかもそれらを防止するための拘束具も鞭もいらない」。図15に示したベンサムの図には、礼拝堂のギャラリー（ベンサムは、そこに高貴な訪問者たちが座って囚人の祈りに加わるよう計画した）と、礼拝堂の床が明確に示されている。

このように、ベンサムが構想した一望監視刑務所は、もっぱら監視のための道具ではなく、儀式的

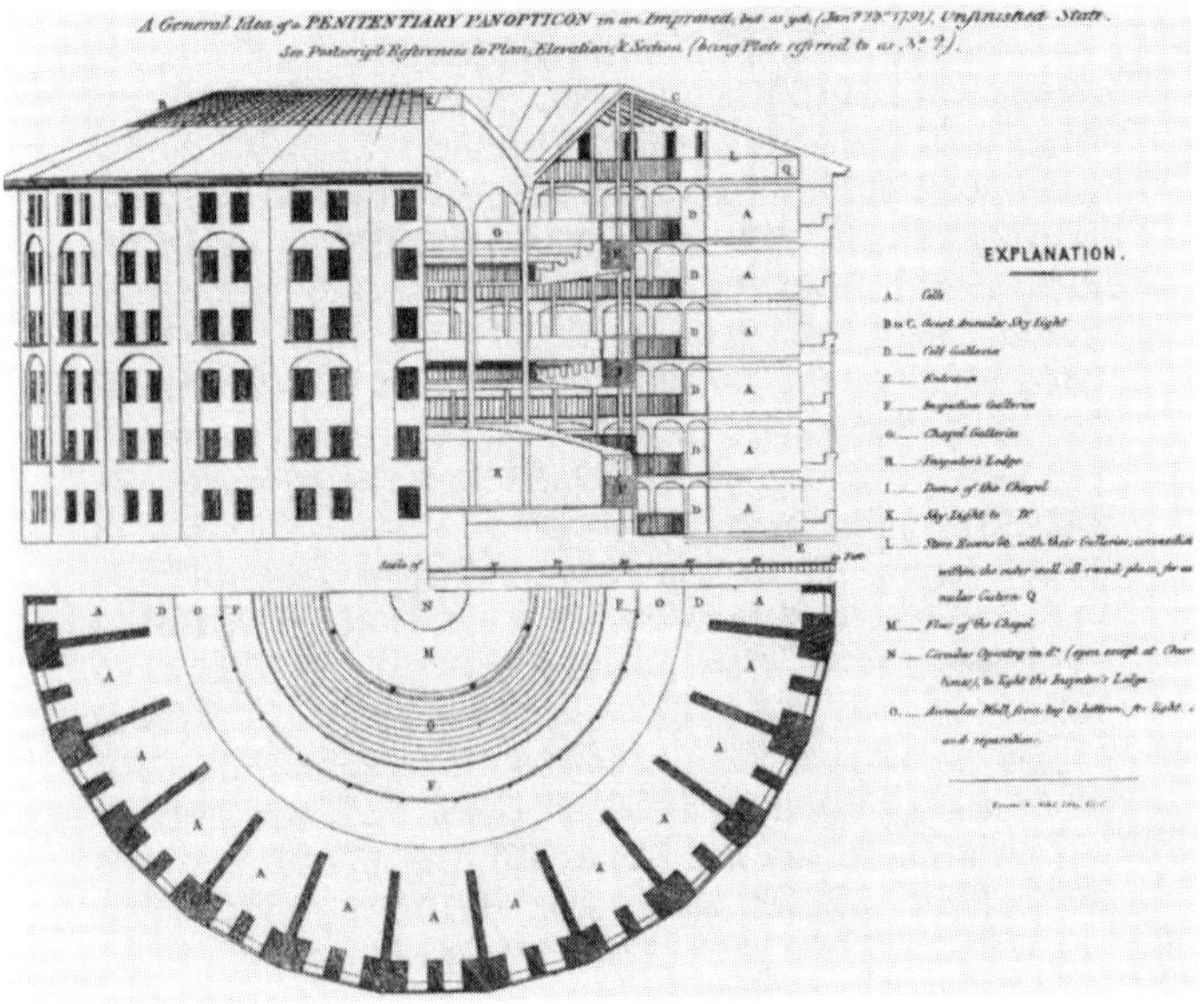

図15　ベンサムの一望監視刑務所
Gは礼拝堂のギャラリー，Mは礼拝堂の床を示している。

な構造でもあった。囚人は単なる監視の対象だけではなく、少なくともきわめて限定された意味では、会衆でもあった。中心性によって監視が容易となり、儀式もまた容易になったのである（そしてベンサムにとっては、これが一望監視刑務所の利点の一つであった）。ベンサムが追記の手紙に書いたように、もし分離性を除いたならば、礼拝堂と監視塔を区別し、一望監視刑務所が円形劇場になってしまわないようにしているのは、非対称性だけである。

したがって非対称性は、監視者と被監視者の二者関係に影響を与えるだけでなく、被監視者たちが陰でコミュニケーションしあうことのないように、共通知識を形成することのないようにするのに重要なのである。仮に、たとえば中央の監視塔がオープンで、全囚人からよく見えたとしよう。そうすると、もし監視塔で看守が外目にも明らかに眠っていたり、何らかの機能を奪われたり殺されたりしたら、あるいは監視塔が囚人たちによって乗っ取られたことが見えたりしたなら、電気ショックのように囚人たちに共通知識が生成され、暴動の引き金となる効果が生まれるだろう。個々の囚人は、他の囚人もまた同じ光景を見られるのがわかる。たとえば収容房も監視塔も点在している中心性のない刑務所では、一箇所で起きた事件が公共的信号となる危険はより少ないだろう。これは単に理論的な関心ではない。一九三六年から一九六一年までステートヴィルの看守だったジョセフ・レイゲンは、「監視塔の看守は、確かにすべての囚人を監視できるが、すべての囚人も看守を見ることができ——看守が背を向けているのも見えるというのも確かだと指摘している。したがって、彼が監視塔にいた時は、これら収容房間の戦略的な位置の諸処に別の監視員を配置していた」（Erickson, 1957, p. 22 ;「逆向き」一望監視刑務所としての大規模観察については、Webster and Phalen, 1997, p. 119 を参照）。このように、一望監視刑務所は不安定である。効率的な監視の代償に、その構造は容易に「逆転可能」になってしまう。

ベンサムの設計では明らかな礼拝堂が、なぜ、フーコーの解釈から抜け落ちているのだろうか。この省略によって何かが損なわれるだろうか。フーコーは、中央の監視塔の一人の監視者にとって、囚人房は「非常に多数の篭のようなものであり、それぞれ一人きりの役者が完全に個別化されて常時見られている、多数の小劇場に似ている」（Foucault 1979, p. 200）と書く。劇場とは多くの人々が全員で同じものを観て共通知識をもち集合経験をするところと考えるなら、これは誤解を招く。これに対して、ベンサム（[1791] 1843, p. 45）は、囚人たちは、看守長や中央の宿舎に住んでいる彼の子どもに、「窓の外を見ること——町でいつも座っている暇な人々の絶えざるすばらしい娯楽の源泉」となったと述べる。多種多様な光景や物を見る少数の人々に対しては、ベンサムのアナロジーのほうがより適切である。看守による監視を記述するのに劇場の概念を使うことによって、フーコーは、一望監視刑務所が、実際には囚人にとっての劇場になりうる可能性から注意をそらしてしまったと言えるかもしれない。同様にフーコー（1979, p. 203）は、ベンサムが、ヴェルサイユにル・ヴォー〔ルイ・ル・ヴォー（一六一二—一六七〇）はフランスバロック様式を専門とする建築家。一六六二年からヴェルサイユの動物園を考案した〕が建設した、一つの部屋から別々の動物のいる七つの檻を見渡せる動物園に刺激されたのかもしれないと推測している。しかし、この動物園と一望監視刑務所との唯一の類似性は、（おそらく動物が互いに見合ったり、訪問者を見返したりするのを妨げる必要はなかっただろうが）中心性である。このアナロジーは、被観察者間に共通知識が生成される問題と、一望監視刑務所の不安定性の問題に関わりはない。なぜなら、おそらく動物には共謀して脱走するような協調能力はないからである。

フーコーの最終的な目的は、儀式と式典にもとづいた古い種類の権力から、一望監視刑務所に代表される近代的な種類の権力への歴史的移行を明確にすることである。一望監視的原則を通して、「全タイプの社会が現れる。古代は、見世物の文明であった。「多数の人々に少数の対象を観察できるようにする」。これは、寺院、劇場、サーカスの建築が対応しなければならない問題であった。……近代は正反対の問題を抱えている。「少数あるいはわずか一人のために、非常に多くの人々の姿を一度にさらすのである。……われわれの社会は見世物社会ではなく、監視社会である。……われわれは円形劇場にいるのでも舞台にいるのでもなく、一望監視装置の中にいるのである」（Foucault, 1979, pp. 216–217 ; Julius, 1831 より引用）。フーコーの広範な議論を受け入れるかどうかにかかわらず、一望監視刑務所がそのまさしく中心に儀式的構造を備えていたと認めるならば、それは特別の例とはいえないだろう。どうして権力装置が見世物を捨て、監視を採用したのかについてのフーコーの歴史的理由は、見世物の不安定性である。たとえば、公衆の面前での処刑は、国家秩序の儀式から、それに対する反乱へと突然変化しうる。しかし同様に一望監視刑務所も、曇りガラスとブラインドがなければ、一瞬にして競技場へと変わってしまう不安定さを抱えている。

礼拝堂がなかったとしても、一望監視刑務所は儀式的な側面をもっている。礼拝堂はただ、それを自明なものにしているのである。ベンサム（[1791] 1843, p. 45）は、その「根本的な利点は……その実在を誇示する施設と組み合わされた、監視者の明らかな遍在性にある（もし神がこの表現を許したもうなら）」と述べる。単に個々の囚人が監視下にあるのみではない。各囚人は監視が遍在しており、他の囚人もまた同じ監視下におかれていることを知っている、それは「明らか」である。フーコー（1979, p. 201）によれば、「常に囚人の目の前には、彼が監視されている中央の監視塔の高い輪郭がある」。言い換えれば、ナンシー・フレイザー（1989, p. 23）の「一望監視……は、古代の体制が権力を行使する特徴であった見世物を必要とせず、目立たない」という考えはまったく正しくない。中央の監視塔は不可視ではなく、常に存在しており、象徴的でさえある。「強力で、何もかもを見通す高い塔」という表現は、まるで「奇妙な肉体的かつ物理的存在を誇示する国王の身体」であるかのように聞こえる（Foucault, 1979, p. 208）。これは一望監視刑務所の正反対の存在であったはずだ。フーコー（1979, pl. 4）は絵〔ミシェル・フーコー、田村俶訳『監獄の誕生——監視と処罰』新装版、新潮社、二〇二〇年、二一頁〕まで添えて、「中央の監視塔の前でひざまずき祈る独房の囚人」と説明書きを付けている。

もしコミュニケーションを方向性をもつ情報の流れとして考えるならば、（多数が一人を見る）国王の祭事と（一人が多数を見る）一望監視刑務所は正反対のように見える。しかし、もし、多数の人々の共通知識の生成として考えるならば、いずれにしても私はこれが祝祭の最重要点だと思うのだが、祝祭と一望監視刑務所は異なっているというよりむしろ似通っている。祝祭は強烈なイメージ、感情、相互作用によって共通知識を達成する。一方、一望監視刑務所は感覚遮断によって共通知識を達成する。個々の囚人は、のしかかるように遍在する監視塔以外は何も見えず、すべての囚人にはそれだけしか見えないことが一望監視刑務所の建築構造から即座に明らかなのである。一望監視刑務所においては、囚人は隔離されるが、バラバラにされるといった意味で分離されるわけではない。それぞれは自分の個人的な経験をもっている。監視の方式自体が、共通知識なのである。フレイザーが記した類の監視を達成するためには、自分がただ一人監視されており、他にも同じように扱われている人がいるかどうかさえわからないという孤独な偏執病にかからせなければならない。ベンサムの一望監視刑務所も、フーコーのものも、そういうことはしない。

3　理論を磨く

競合する説明

ここで簡単に、私たちの説と競合する二つの説明について論じよう。儀式が行動に影響を与える方法の一つは、直接的な心理的刺激であると考えられる。たとえば、「リズムに富んだ、あるいは反復的な行動は、同種のグループの大脳辺縁系〔大脳の内側にある、自律神経・情緒・神経機能などに関与する部分〕の分泌（つまり感情状態）を協調させる。それは心地よく、個人間でほどよく一致した覚醒を生み出すので、グループ行動が促進される（d'Aquili and Laughlin, 1979, p. 158）。こういうことも大いにあるだろうが、前に述べたように、これだけがすべてではない。なぜなら、もしそうなら、儀式が集団イベントである必要はないからである。人は一人でいても覚醒されうる。私たちの議論は、単に似たような感情や精神状態にあるというだけではなく、誰もが他者に気づいており、他者が気づいていることに気づいているということを前提としている。このことは、一有機体がいかに刺激に反応するかという考え方ではとらえられない。別の言い方をすれば、ユージン・ダキーリとチャールズ・ラフリン（1979, p. 158）によれば、「［儀式における」人間の状況を説明する最も単純なパラダイムは、陶酔時に生じる統一感である。……［そこでは］二つの自律サブシステムからの強い分泌が同時に起こる。リズム溢れる音響、映像、あるいは触覚への刺激にさらされた後に人が感じる多彩な恍惚感は、儀式に参加している他者との一体感を生み出すと私たちは仮定している」。陶酔の心理的効果は、まちがいなく他者との緊密な結びつきを形成するのに役立つ。しかし陶酔は、ほとんど感情的なつながりがない時にも、一人きりでさえ、しばしば生じる。

もう一つこれとは別の説明は、集団と物理的に一緒にいることが個人の感情に与える影響にもとづいている。その極端な例が、実証的な観察では否定されるにもかかわらず一般の人々の想像につきまとっている、「群衆心理」または「集団心理」の背後にある考えである。たとえばオハイオ州シンシナティで、リバーフロント競技場に入ろうとした群衆に押しつぶされて九人が死亡した、「雪崩をうって踏み倒した人々」の事件でさえ、「我先の競争」や大衆パニックの証拠はほとんどなく、協調的に助け合ったという証拠が多い（Johnson, 1987 ; Turner and Killian, 1987 および Curtis and Aguirre, 1993 も参照）。もちろん大集団の中にいれば、状況に応じて感情と行動に影響を受ける。リチャード・A・バーク（Berk, 1974, p. 361）は、事前計画なしに自主的に起きたヴェトナム反戦デモを詳細に追い、記録している。三人の学生がある大通りにバリケードを築き始めると、「バリケードのまわりにいた学生たちがそれに対してあちこちで同時に「話し合い」を始めた。さまざまな提案がなされ議論された。「こんなバリケードはマヌケだし、危険だ。これは私物毀損だ。かわりに路上でみんなで座り込みをしようじゃないか」「おまえらがやっていることは、危なすぎる。逮捕されるか拘留されるぞ。俺にとってはそれだけの値打ちはないね」」。バリケードが完成した後、「二五〇人の学生のうちの多くは、まだ議論しながらあたりをうろうろしていた。積極的な少数派は、バリケードを強く支持した。それよりもやや少数派だが同じく積極的なグループが、バリケードに反対した。ほとんどの学生は決断がつかないようだったが、徐々に、一時的にバリケードを支持する（少なくとも、バリケードをたてておく）ことにした」。少なくともこの例では、群衆の中に一緒にいるという事実によって、デモの参加者たちが共通の陶酔や感情で統一されたとはまったく見えない。何かあったとすれば、それは群衆という物理的な近さのゆえに、戦略、対価、その利益についての議論が可能になったというだけである。

一緒にいることによって生じる感情は、儀式やその他の集団イベントにとって重要である。しかしながら、それを主要な、ないしは決定的な側面とすることが問題なのは、ある種の行為はまさしく明らかに儀式でありながらも、物理的に一緒にいる必要がないからである。ダニエル・ダヤンとエリフ・カッツ（Dayan and Katz, 1992, p. 145）は、テレビ放映されるメディア・イベントが過越祭（ユダヤ教の過越祭（すぎこしのまつり）とその後のユダヤ教の伝統にのっとった食事）の食事に似ていることを見いだした。過越祭は「何世代にもわたって統一のための力強い手段として役立っており、重要な機会を同時的な、同じようにプログラムされた、在宅のミクロなイベントに変換しながら、しかも象徴である中央に焦点を合わせることによって、地理的に散らばっているという状況を考慮にいれた儀式構造を提供してきた」。ベネディクト・アンダーソン（Anderson, 1991, p. 145）は、「たとえば祭日に歌われる国歌」について考えてみようと言う。「……ラ・

マルセイエーズ、ワルチング・マチルダ〔オーストラリア民謡で、第二の国歌ともいわれる〕、インドネシア・ラーヤ〔「偉大なるインドネシア」の意。インドネシア国歌〕を歌うことは、一体性、こだまする想像の共同体を身体的に具現化する。……この一体性は、何と私心なく感じられることだろう！　他の人々もまたこれらの歌をまさしく同じ時に、同じように歌っていることを知っていても、彼らが誰なのかを知らず、どこで歌っているのかもわからず、声も聞こえない。想像の音ほど、われわれを結びつけるものはない」。国歌を自分の部屋で一人で歌っていたとしても、私は強い一体感を感じることができる。それはただ、他の人々も同じように歌っていると知っているからだ。これだけで、アンダーソンが「想像の共同体」と呼ぶものを創造できる。同じ部屋で一緒に歌うのは、単にその「身体的具現化」にすぎない。個別に歌うことも、デュルケムの「集合的沸騰」（Durkheim, 1912 [1995], p. 220）はなくとも、儀式としての資格をもつ。なぜなら、各人は、他の人々も唱和していると知っているからである。

共通知識は見果てぬ理想？

共通知識の概念がもつ誰の目にも明らかな問題は、それがかなりの認識能力を必要とするように見えることである。たとえば、「私は彼が知っているのを彼女が知っているのを……知っている」と、二階層三階層以上考え続けられる人がいるだろうか。したがって共通知識は一つの理想であり、実行不可能な概念にみえる。たとえば、アリエル・ルービンシュタイン（Rubinstein, 1989）は、九九階層のメタ知識をもっているが一〇〇階層目のメタ知識をもたないがために二人が協調できないという例をあげている。そんなに厳密でなく、もっとうまく共通知識を生み出せそうなさまざまな方法がある。「あなたが知っていることを私は知っている」ことを条件とするかわりに、「あなたが九〇%の確率で知っていると、私は九〇%の確率で知っている……」ことを条件にするのである（Monderer and Samet, 1989 : Morris, Rob, and Shin, 1995 : Morris, 1999）。また共通知識をどこまでも切りのない多段階を条件とせずに、再帰的な方法で定義することもできる。これは実際の思考過程として、いっそう現実的である（Lewis, 1969, p. 52 参照。また、たとえば Milgrom, 1981 も参照）。私たちがアイコンタクトしあう時には、二人ともアイコンタクトしていることを知っているものとしよう。そこでアイコンタクトする時は、私は私たちがアイコンタクトしていることを知っており、したがって私たちがアイコンタクトしていることをあなたが知っていることを私は知っており、その繰り返しである。

おそらくこの問題に対応する最も現実的な方法は、ハーバート・クラークとキャサリン・マーシャル（Clark and Marshall, 1992, p. 33）が指摘するように、人々は共通知識とそこからの逸脱をヒューリスティックに認識すると考えることである。「もしAとBが互いに合理的であると確実に推測できるならば、AとBは無限の条件を瞬時にして推測する基礎として、特定の事態を使える」。アイコンタクトする時に、私たちは何も考えつめる必要はない。アイコンタクトするといつも共通知識が生成されたという過去の経験から、単に推測することができる。

具体的な例をあげよう。ランク・ゼロックスのユーロパーク研究所のビデオ会議システムは、初めから一人ひとりがビデオカメラとモニターをもつように設計されていた。しかしユーロパークの女性心理学者が男性の同僚とそのシステムをつないでいた時に、次のような問題に気づいた。「私たちは柔術の練習に行くため着替えていて、彼は自分の部屋が私から見えないように上着でビデオのレンズを覆ったのよ。でも私は何も考えていなくて、私に彼が見えないのだから、彼にも私が見えないだろうと思って、私のカメラがついていることを忘れていたの」（McCrone, 1994）。この心理学者は、ビデオ会議システムと日常の対面状況とを混同して状況判断を誤ったが、「私は彼が……知っていることを知っている」という重層構造を誤って解釈したわけではない。ビデオ会議システムの設計者が、コミュニケーションとは人から人へとメッセージを伝える一段階の知識伝達だと仮定したことに問題があったのである。この出来事があってから、このビデオ会議システムに「確認」モニターが加えられた。確認モニターで、自分から外に発信している映像を見ることができる。しかしこれも、相手の目を見ることができ、相手も自分を見ているのを見ることができる対面的なコミュニケーションに近づく改良とはいえない。確認モニターがあれば赤面するような状況に陥らないようにはしてくれるが、それでも、他人があなたを見ているかどうかを知る助けにはならない。

このように、新しいコミュニケーションシステムを設計し実験する人々でさえ、不慣れな状況におかれれば、メタ知識の重層構造から至極当然にものを考えられるわけではないのである。私たちは経験的に、共通知識が顔を向き合わせて会うことによって形成されることを知っている。私は習慣的に赤信号で止まるが、どうしてそうするかを厳密に議論すれば、無限に遡らなければならない。私が赤信号で止まるのは、青信号の側が動くだろうと思っているからである。そして青信号の側が動くだろうと思うのは、彼らは私が止まるだろうと思っているからである、その繰り返しである。

共通知識が「現実世界」の一部であることを、認識という視点から見ることもできる。たとえば実験心理学者は子どもに「アイスクリーム屋さんがどこにいるか、メアリーが知っているってジョンは知っているかな?」と質問すると、ほぼ一定の年齢（七歳くらい）では確実に答えられるが、それ以下の年齢では答えられないことを明らかにしている（Perner and Wimmer, 1985）。チンパンジーは他のチンパンジーや人間の視線を追うことができるが、食物をねだる時には、目隠しをしている人間（チンパンジーがおねだりをする姿は当然見えていない）と口にマスクをしている人間の区別はつかないようである（Povinelli and O'Neill, 2000）。ウィリアム・S・ホートンとボアズ・カイザー（Horton and Keysar, 1996, p. 94）は、人が発言をしようとする時、聞き手の知識を考慮にいれるわけではないことを実験的に示した。共通知識は後になって「モニター機能の一部である修正メカニズムの一部」として現れ、それによって発言が修正されることになる。神経科学の最近の研究では、「心の理論モジュール」の存在が示唆されており、おそらく脳の眼窩前方皮質に位置していて、人々に他の人々の心理状況を理解させるはたらきをしている。このモジュールの障害が自閉症に関わっているという証拠もある（Baron-Cohen, 1995；「社会的脳」に関する Brothers, 1997 も参照）。このように、共通知識は単に理論的なものではない。社会的行為のレベルだけでなく、心理学、進化生物学、神経科学のレベルにおいても同様に、実証的な検証に耐えうる概念なのである。

意味と共通知識

本書の中心メッセージは、儀式のような文化的行為を理解するには、内容に加えて、公共化——より厳密にいえば共通知識の生成——を考慮しなければならないということである。しかしこの区別は分析には有効であっても、公共化と内容とは完全に分離できないし、興味深いかたちで相互に関わり合っている。

内容と公共化とを分離することによって、時には必要とされる柔軟性を得ることができる。ダニエル・ブーアスティン（Boorstin, 1961, pp. 5, 57–59）は、「有名人とは、その人がよく知られていることが知られている人のことである。……「国王による任命によって」という言いまわしは、もちろん、一種の信任状の行使である。しかし国王は現実に偉大な人間であり、輝かしい家系につらなっており、目覚ましい現実の、そして象徴的な権力を備えている。……国王は単なる有名人ではない」と嘆く。しかしこれまでみてきたように、国王の「現実の」権力は少なくとも部分的には、国王の行進のような「擬似イベント」によって構築されている。実際、擬似イベントは、たいてい「自己達成的予言となるようにもくろまれている」（Boorstin, 1961, p. 12 ; 名声については Cowen, 2000 も参照）。以前は「権力は神秘的な秩序を示す表向きの装いをまとった」が、今日、ギー・ドゥボール〔一九三一—一九九四。フランスの映画作家〕（Debord,

［1967］1995, p. 20）のいう「見世物社会」は、「自己生成し、自らルールを作り上げる。それは聖なるもののもっともらしい形態である」。ここでのポイントは、時として、メッセージの内容が「真実」であるかどうかはどうでもよいということである。ルイス（Lewis, 1969, p. 39）は、「昨日、地下鉄ではぐれてしまった人たちがたまたまチャールズ・ストリートで出会ったという話を聞いたら、今日、同じようにはぐれてしまった時、お互いに独立に、チャールズ・ストリートに行って待とうと思うかもしれない。私があなたに話したことが真実であろうとなかろうと、あなたがそれを真実だと思おうと思うまいと、私がそれを真実だと思おうと思うまいと、そう主張しようとすまいと、そんなことはどうでもいいのである。架空の話も、実際の話と同じように有効なのである」。

しかし内容と公共化を現実に切り離すことができない理由の一つは、すべてのコミュニケーションは聞き手を仮定ないし含意しているからである。ジョン・オースティン（Austin, 1975）の用語では、発話行為は単に文字どおりの「発語的」意味だけではなく、与えられた状況における話し手の意図に関わる「非発語的」な意味をもつ。たとえば、「はい、あなたと結婚します」ということばは、プライベートに言われる時と、友人の目の前で公に述べられる時では異なる意味をもつ。おそらく、本書は内容と区別される公共化についての書であるというかわりに、非発語的な意味のもつ側面についての書であるといってもよいだろう。

内容と公共化は時に興味深く関わりあっている。内容が社会的状況を示唆していて、その社会的状況には公共化の思惑が含まれ、その状況において理解されねばならないことがある。ベストセラーのペーパーバックのカバーに「売れ行き五〇〇万部超」とあれば、この文自体がこの本の「テクスト」の一部なのである。この本が書かれた言語は、想定された読者を指示している。中世ロシアのイコン画家向けのマニュアルには「図の右側の部分を「左側」と考え、反対に図の左側の部分を「右側」と考えるように」指示されている。つまり、（絵を見る）私たちの視点からではなく、私たちのほうを向いている者、描かれた世界の中に存在する想像された内なる観察者の視点から述べられているのである（Uspensky, 1975, p. 34）。イコンの内容は、イコンと鑑賞者の関係についての画家の理解を示している。

マイケル・フリードはいくつかの現代彫刻を、「オブジェクトとしての性質」などのさまざまな理由から、「公共的」あるいは「劇場的」であると特徴づけている。劇場的彫刻は、「全体性、単一性、非分割性……作品ができうる限り「一つの物」、単一の「固有の対象」であることを強調する」（Fried, 1967, pp. 12, 20）。よい例がトニー・スミス〔一九一二―一九八〇。アメリカの建築家・画家・彫刻家〕の『死』で、これは六フィートの立方体の彫刻である。一方アンソニー・カロ〔一九二四―二〇一三。イギリスの彫刻家〕の彫刻の意味は、「I型梁、大梁、シリンダー、長尺パイプ、鉄板、格子が構成する複合的オブジェクトにあるというより、それらが相互にむき出しで並置されているところにある」。「公共的」と「劇場的」を共通知識の観点から理解するなら、一体的オブジェクトはおそらく劇場的であるだろう。なぜなら見る者は他者もそれを同じように見ることを知っているからである。多くの要素がからまりあう彫刻を見る者は、他者はそれをおそらく異なって解釈するだろうと考える。

単一の一体的イメージが共通知識を生成するのに適していることは、ハイ・コンセプト映画のマーケティングからもわかる。ジャスティン・ワイアット（Wyatt, 1994, p. 112）は、一九七五年のスティーヴン・スピルバーグの『ジョーズ』と同年のロバート・アルトマンの『ナッシュヴィル』の印刷広告を比較した。『ジョーズ』の広告は、水着の女性を今まさに食べようとしている巨大鮫が目をひくが、一方『ナッシュヴィル』は、「デニム・ジャケットの背中に二四人の出演者をパッチワークで飾って」見せた。ワイアットは、印刷広告は主に新聞に掲載されるが、印刷の質があまり良くないので、「明白な強いイメージ」が重要だと述べている。しかしまた、強烈な単一イメージは、必要な共通知識を生成するにも、より適している。ハッとさせられる強烈な単一イメージを打ち出す『ジョーズ』のマーケット戦略が、その後のハイ・コンセプト映画のパターンを決定づけたとワイアットはみる。一方『ナッシュヴィル』は宣伝文句によると「恋人、笑う者、敗者と勝者の物語」だったが、映画批評がすばらしかったにもかかわらず、観客動員数においてはそれほどかんばしくなかった。それ以来、単一のマーケティング・イメージを打ち出す傾向が続いている。『ターミネーター２』や『インディペンデンス・デイ』などのタイトルさえ、「Ｔ２」とか「ＩＤ４」のように短縮される（Cowen, 2000, p. 17とWyatt, 1994, p. 25も参照）。

もちろん、どんな一つのコミュニケーションといえども、その意味は社会の既存の理解の文脈の中でのみ完全に理解できる。一九六四年にトニー・シュワルツが作ったスポット広告「デイジー（雛菊）」は、空前の効果的な政治テレビ・コマーシャルだった。一人の少女が雛菊の花びらを数えているシーンに始まり、それがそのまま核兵器投下のカウントダウンへ、核爆発の光景へと変わっていく。そして、黒い背景に白い文字で「一一月三日には、ジョンソン大統領に投票しましょう」と映し出されて終わる。シュワルツ（Schwartz, 1973, p. 93）によれば、このコマーシャルは「大論争を巻き起こした。多くの人々、とりわけ共和党員は、このスポットがゴールドウォーター上院議員（共和党のジョンソンの対立候補）が好戦的だと非難していると叫びたてた。しかしこのスポットのどこにもゴールドウォーターの名前はない。ゴールドウォーターへの間接的な言及さえない。……ゴールドウォーター上院議員は以前、戦略的核兵器の使用を支持すると発言したことがあった。このコマーシャルは多くの人々に、ゴールドウォーターは実際に核兵器を使用するかもしれないという強い感情を呼び覚ましたのである。この不信感も「デイジー」になかった。それはこのコマーシャルを見た人々の中にあったのである。広告フィルムの刺激と音がこれらの感情を呼び起こし、人々がもともと思っていたことを表面化させたのである」。視聴者は、ゴールドウォーターに対する恐怖が宣伝によって引き出されたことに気づいて、他の人々もまた同様に反応するに違いないということに気づく。したがってこの宣伝は、人々のもっていた共通の懸念を公共化し、共通知識にした。これは単に、このテレビ・コマーシャルを見た人々の特性や（「月曜映画劇場」の時に放映された）テレビ・コマーシャル自体の「内容」によるのではない。シュワルツが意図したように、人々がすでにもっていた理解と相互作用したためなのである。

　こういう考察もまた表面をかすっているにすぎない。あるコミュニケーションをあなたがどのように理解するかについての私の理解は、私たちが共有している象徴システムと世界観に依存している。テューダー朝のエリザベス女王の行進は、ハヤム・ウルク王〔一三五〇—一三八九。一四世紀のジャワ島に存在した二つの王国のうち、西の王国の王〕の見物人と同じようには理解されないし、その逆もまた同じである。デイヴィッド・ライティン（Laitin, 1986）は、一九七六年にナイジェリアで、イスラム法にもとづいた連邦シャリア法控訴審の設立問題がいかに激しい宗教紛争、ひいては戦争さえひきおこしかねない事態になったかを説明している。ナイジェリア西部にあるヨルバ州は、キリスト教徒とイスラム教徒がほぼ半分ずつに分かれており、この議論に大いに揺れた。しかし、ヨルバの代表者は中立的な立場を保ち、全国的な妥協に向けての基礎を築いた。ライティンは、これを主導権という観点から説明している。ヨルバの人々にとっては、宗教ではなく先祖から受け継いできた都市が政治的動員と紛争の源であることが常識だった。ヨルバのイスラム教徒はイスラム法の問題を、武装せよという宗教上の呼びかけとは考えないということを、ヨルバのキリスト教徒は知っていたから、それに脅威を感じることはなかった。そしてヨルバのイスラム教徒も、同じように考えていたのである。ここでの論点は、共通知識は、他者がどのようにコミュニケーションを理解したり解釈したりするかについて個々人がどう理解しているかに、大きく依存しているということである。

共通知識の競い合い

これまでは、主として協調は競われないものとして議論を進めてきた。しかしもちろん、人々はどのように協調するかについて見解が相違する。ラッセル・ハーディン（Hardin, 1995, p. 30）は、国家権力は「政府レベルでの協調と、潜在的な人気のある対抗勢力のレベルにおける協調の欠如に依存する。国家は銃口で人々を強制する必要はなく、集団としては法律に反対するほうが彼らの利益になるとしても、個々人としては事実上法律に従うほうが誰にとっても明らかに利益になるようにすればよい」と述べている。人々は協調をめぐって争い、共通知識は協調に役立つので、共通知識を生成するメカニズムをめぐって争う。ポーランドで「連帯」を創設するにあたって、「チェギエルスキ〔鉄道労働者〕の組織化のための会話は、現場監督たちの目の届かない場所でなされた——通勤電車やバスの中で、工場のはずれで、昼の休憩時に……。この空間は与えられたものではなかった。それを作り出そうと闘った人々によって、作り出されねばならなかったのである」（Goodwin, Scott, 1990, p. 123 からの引用）。また、イリノイ州ディケーターのミニ放送局の放送記者ナポレオン・ウィリアムズは、「組み立て済みのウージー短機関銃を買うこともできる。だがこの国で、組み立て済みのＦＭ送信機を買うのは違法なのだ」と指摘している（Burke, 1997）。シェリング（[1960] 1980, p. 144）は、「スクエア・ダンスの参加者は皆、特定のダンスばかりが演奏されることで頭に来ているかもしれない。だが、司会者がマイクを握っている限り、誰も他のダンスは踊れないのだ」と書く。正当で平等なコミュニケーションができることが正当な結果には必要だという考えは、社会理論を作り上げるうえでの基礎中の基礎である（Habermas, 1989）。

人々が共通知識の生成をめぐって争うことは明らかだが、そう考えると文化的闘争の重要性がよく理解できる。時には、文化的行為は大部分、上部構造的だと考えられている。「たとえばアメリカ奴隷制についていえば、支配階級の権威の「虚飾」と黒人と白人のあいだの象徴的な交換について語ることには意味がある。しかし、ある時点で、その過酷な状況をかたちにし劇場にうつしかえる時がくる」（Walters, 1980, p. 554）。しかし「劇場」は、もっと広く共通知識の生成として解釈できるのであって、真の権力をもっている。アメリカ奴隷制の場合、奴隷たちへの読み書き教育の禁止は、白人支配の「虚飾」の一つであっただけではなく、コミュニケーション、ひいては反乱を抑圧する試みだった。興味深いことに、書かれたことばの真の力は、公に（標識を掲げ）、遙かに距離を越えて（他のプランテーションの奴隷たちに知らせ）コミュニケートされるところにある。対面状況では、話すのはずっと容易である。対面レベルでも、「五人以上の奴隷が白人の監督なしに集まることはあまねく禁じられていた」（Raboteau, 1978, p. 53. Scott, 1990 より引用）。奴隷たちは闘い返した。たとえば、秘密裏に掘っ建て小屋で話したり、公に歌う霊歌の中に隠された意味をもたせたりした（「カナン」〔聖書においては「乳と蜜の流れる約束の地」〕は北部と自由を意味していた［Scott, 1990, p. 116］）。これは単に象徴的な争いではなく、逃亡の試みなど、真の協調行動を助けるコミュニケーションの土台のための闘争であった。

リチャード・ライト（Wright, 1945 [1993], pp. 235–237）は自伝的小説『ブラック・ボーイ』において、彼ともうひとりの使用人ハリソンが、白人の現場監督オーリン氏にいかに操作されたかを物語っている。「ハリソンと私は互いに知っているという程度だったが、それまで私たちのあいだにはいささかの問題もなかった。……「ハリソンを知っているかね」……オーリン氏は低い、自信に満ちた声で尋ねた。「さっき、コカコーラを飲みに下に行ったんだが、ハリソンが建物のドアのところでナイフをもっておまえを待っていたよ。……おまえをやるんだと言ってた。おまえはやつを罵ったと言ってた。今、仕事で喧嘩や流血沙汰は起きてほしくないんだ」……「会って話します」と私は考えながら声に出して言った。「そんなことはしないほうがいい」とオーリン氏は言った。「誰か白人に話をつけてもらったほうがいい」」。その後、ライトはハリソンが一人で地下室にいるのを見つけた。「「ハリソン、いったい何の真似だ」と、慎重に彼から一メートルくらい離れて私は尋ねた。……「おまえに怒ってなんかいないよ」「おいおい、おまえは俺を切りつけようとして、探していたんだろ」、ハリソンは説明した。「オーリン氏が今朝やってきて、おまえが俺を見かけたらナイフで殺そうとしているって言ったんだ。彼は、俺がおまえを馬鹿にしたから、俺を怒っていると言った。だが、俺はそんなこと言っちゃいない」……彼は口ごもって、ポケットからギラギラ光る長いナイフを取り出した。それはすでに鞘を払われていた。……「俺を切るつもりか」と私は尋ねた。「もし俺を切るつもりなら、俺がおまえを先にやる」と彼は言った」。ここでライトとハリソンに、協調問題が生じる。お互いは、相手が平和的である限りは、自分も平和的でありたいと思っている。どちらも怒っているわけではない。

しかし、ハリソンはライトが怒っているかどうかわからないので、ナイフを構えている。実際、ライトが怒っていないとわかっていたとしても、ハリソンが怒っていないということをライトがわかっているかどうか定かではないなら、ハリソンはナイフを持つだろう。この協調問題を解決するためには、共通知識が必要である。そして、オーリン氏が白人だけに会話させ、コミュニケーションを制限することで防ごうとしたのは、まさに黒人同士の共通知識なのである。ライトの逸話は、白人の策略だけではなく、黒人が歪められていない「公共領域」をもつ基本的な必要を示している。

ガンディやマーティン・ルーサー・キング・ジュニアのような人々が、公共的なデモを調整する時に、きわめて優れた劇場感覚をもっていたことはしばしば注目されている。一九九〇年代のアメリカでは、ＡＣＴ ＵＰ（Aids Coalition to Unleash Power 力を解き放つためのエイズ連合）がこの伝統に従い、結婚や葬式等の儀式を政治的声明に変換し（たとえば、エイズで亡くなった家族の灰をホワイトハウスの芝生に撒いた）、ほとんどあらゆる公共の場、ニューヨーク州だけでもグランド・セントラル駅、ニューヨーク証券取引所、聖パトリック教会、シェイ・スタジアム、いくつもの記者会見や政治家の寄付集めの集会を混乱させた。ＡＣＴ ＵＰで一つ目をひくのは、ボランティアのメディア委員会のメンバーがテレビ・プロデューサー、記者、プレス専門家、広告代理店のアート・ディレクターなどだったことである（Signorile, 1993）。ガンディが劇場感覚に頼ることができたとするなら、ＡＣＴ ＵＰは、宣伝のプロの技術に頼ることができた。

一九八四年、ＩＢＭのパソコンが完全に支配していた市場に新しいマッキントッシュのコンピュータを持ちこむにあたって、アップル社のテレビ・コマーシャルがジョージ・オーウェルの『１９８４年』を使ったのはしごく当然だった。色鮮やかなマッキントッシュのロゴマークを身につけた女性のハンマー投げ選手が、競技場に入る。そこでは、灰色のゾンビが列をなして巨大なスクリーンに映るビッグ・ブラザーを見つめている。ビッグ・ブラザーが「勝利はわれらにある」と叫ぶと、ハンマーが飛び、スクリーンが砕け散る。あんぐり口を開けた観客は爆風に飲み込まれてしまう。「一月二四日、アップル・コンピュータは、マッキントッシュを発売します。なぜ一九八四年が『１９８４年』のようにならないのかが明らかになるでしょうと文字が現れ、音声がかぶさる」（Rutherford, 1994, pp. 140-141）。ここではマッキントッシュのハンマーは、公共化のメカニズムを破壊している。言い換えれば、ビッグ・ブラザーは打ち負かされ、スクリーン上でマッキントッシュに取って代わられたのではない。むしろ、ビッグ・ブラザーを可能にしたコミュニケーション技術を、マッキントッシュが破壊したのである。しかし、その破壊そのものが公共的イベントである（ゾンビの反応がはっきりと示される）。それは爆発であって、停電ではない（停電では、当初、隣も同じように影響を受けたのかどうかわからない）。この曖昧さは、アップル社が大勢同調的でない人々に訴えかけながら、同時に、コマーシャルをスーパーボウルで打ったというところにもよく現れており、このアイロニーは業界紙『アドバタイジング・エイジ』を喜ばせた。「アップル社は煙や鏡の類とともにマッキントッシュを誕生させた。ビッグ・ブラザーもこれを誇りに思うだろう」（Johnson, 1994）。

　こういうわけでスーパーボウルの公共化の力は、攻撃するよりも利用したほうが効果的であると思われる。一九九三年のスーパーボウルの三日前、家庭内暴力に反対する運動家たちが記者会見を開き、スーパーボウルの後では通常よりも多くの夫が妻を殴るという逸話的証拠を披露した。この団体はボイコットを呼びかけはせず、NBC放送に対してスーパーボウルの放映時間を、家庭内暴力について議論するために寄付してほしいと持ちかけた。NBC放送は試合開始前の三〇秒を提供した。この公共広告は、フットボールにはまったく触れず、刑務所の独房にいる男性の姿を見せた（Gorov, 1993 ; Lipsyte, 1993）。今もこの公共広告のインパクトを最もよく証明しているのは、家庭内暴力を非難するおびただしい新聞記事である（とりわけ Ringle, 1993 ; Cohen and Solomon, 1993 も参照）。

　ここで重要な点は、ただ単にスーパーボウルで放映することによって、活動家たちは家庭内暴力をそれまでになくはっきりと、公共的な全国的問題にしたということである。彼らはこの問題に、少なくとも毎年改めて公共化される、あるいは少なくとも思い出される、持続的な「しかけ」を与えた（たとえば Isaacson, 1996）。彼らの戦略には一九六八年八月のミスアメリカ選抜大会での抗議が反映していた。「ウーマン・リブ」の宣伝旗がテレビの生放送に乱入し、ブラジャーやつけまつげや『コスモポリタン』誌が「フリーダム・トラッシュ・カン」に投げ込まれ、これらの行為は、メディアが発明した「ブラ燃やし」というあまり適切とは思えない命名によって不朽のものとされた（Morgan, 1970, p. 521）。一九九四年以後毎年スーパーボウルが放映されるスーパーサンデーに、芸術家ロバート・マーカーはニューヨークのグランド・セントラル駅にスコアボードを設置し、試合開始のキックオフから、試合の点数とともに、何人の女性がアメリカ国内でひっぱたかれているかを掲示した——

それは一五秒に一人の割合である（Cheng, 1996）。ここでは家庭内暴力がスーパーボウルの後で現実に増加するかどうかは問題ではない。ポイントは、家庭内暴力の割合の「平均」でさえ、驚くほどだということだ。このスコアボードはフットボールと暴力を関連づけた。そして同じく重要なのは、その公共性である。グランド・セントラル駅の巨大なスコアボードは、家庭内暴力の問題を掲示することによって、以前には公共的に語られることのなかったことをスーパーボウルの得点に劣らず公共的なものとしたのである。

共通知識と歴史

歴史的な前例は、共通知識を作るもう一つの方法である。たとえば「電話が途中で切れてしまったので待っていたら相手がたまたま電話をかけ直してきたとしたら、もしもう一度電話が切れてしまった時、私はまた電話を待つだろう」（Lewis, 1969, p. 36）。これは、一九七七年五月二八日のビバリーヒルズ・サパークラブの火災の時、従業員たちがどのように客を避難させたかをうまく説明している。「従業員たちは、部屋が空で、客たちが安全に脱出したことを確認した。そして、客に対する彼らの責任を尽くしたとみえた。しかし、必ずしも建物の他の部分にいる人々に対してはそうでなかった」。この火災は、アメリカ史上最悪のものの一つで、一六四人が死亡した。リチャード・L・ベスト（Best, 1977, p. 73）はこの事故を分析して、「従業員に明確な責任を割り振る」事前の避難計画が何もなかったことを強調している。ウエイター、ウエイトレスは「自分たちの」客だけを助けたが、必ずしも冷淡だったというわけではない。避難計画が明確に伝えられていない状況では、ウエイターやウエイトレスが協調できる唯一の方法は、前例に従うことだけだったのである（Canter 1980も参照）。

ハイ・コンセプト映画には、集中的な宣伝だけではなく、「封切り前の資産」が必要である。『ジョーズ』はベストセラー小説にもとづいているし、『ディック・トレーシー』や、『スーパーマン』、『アダムス・ファミリー』などの映画は、かなり古い漫画やテレビ・シリーズが元になっている。なぜそうかの説明の一つは、ハイ・コンセプト映画は製作費もマーケティング費用もきわめて高額なので、映画スタジオはすでに利益をあげることが証明されているアイデアを使うというものである（Wyatt, 1994, p. 78）。とはいえ、『ディック・トレーシー』や『スーパーマン』や『アダムス・ファミリー』がどれほどの利益を享受したとしても、それは映画化される何十年も前の話である。これらの登場人物は共通知識となっているが、それは最近大衆的に成功したからではない。それらは歴史的であって、何年ものあいだ、漫画や深夜テレビに登場して、少数の熱狂的というわけでもない視聴者に繰り返し毎年見られてきたからなのである。共通知識という観点からは、歴史はまさに公共化に似ている。『インディペンデンス・デイ』の映画広告を見る時、他の人々もそれについて何かを知っているということを知っている。なぜなら大キャンペーンを見るからだ。『アダムス・ファミリー』の広告を見る時、誰もがそれについてなにがしか知っているということを知っている。なぜなら、誰もが『アダムス・ファミリー』を知っているからだ。

トーマス・シェリング（Schelling, [1960] 1980）は、協調問題は「焦点化」によって解決できると指摘した。古典的な例としては、二人が互いにニューヨークのどこかで会いたいと思っているが、日時は決めたものの、会う場所を決めていなかったという場合をあげられる。どちらも相手に会うことだけが重要で、場所はどこでもよい。協調可能な落ち合う地点はニューヨークの場所の数だけある。こういう問題を仮定すると、エンパイア・ステート・ビルやグランド・セントラル駅などを選ぶ人が多い。言い換えれば、何が「明らか」であるかについての共通する考えが、明示的なコミュニケーションなしに協調する時の助けになる。最近の例としては、東ドイツ政府を倒すに至った一九八九年のライプチヒのデモが、いかに調整されていったかがあげられる。一九八二年に始まって、ライプチヒの下町にあるニコライ教会では、毎週月曜日の午後五時から六時まで平和の祈禱がもたれていた。「一九八九年の中頃には、ニコライ教会と平和の祈禱は、人々の心に、地元の反体制サブカルチャーと結びついた抗議の「制度」としてしっかり根付いていた。毎週月曜日の午後六時ごろ、多数の人たちがニコライ教会や午後の祈禱を行っていたその他の近くの教会からどっと出てくることは誰もが知っていた。……よく友人同士の小グループが月曜日の午後に市の中心部で落ち合い、信者や他の見知らぬ人々と一緒にデモに加わった」（Lohmann, 1994, p. 67）。何年ものあいだ、これらのデモの参加者は比較的少なかった（一〇〇〇人未満だった）。しかし、デモが規則的に行われてきたというその長い歴史が、一九八九年一〇月、三二万五〇〇〇人もの人々が月曜日の午後にデモのために集合することを可能にしたのである（Opp and Gern, 1993 ; Lohmann, 1994）。

すでにみてきたように、どのように協調するかをめぐる争いにおいては、公共化のメカニズムが戦略的な資源となる。したがって歴史もまたそうであると考えられる。既存の協調からの解放をめざしたフランスの革命家たちは、「神話としての現在」に訴えることによって近年の歴史を葬り去ろうとし、あるいはずっと大昔の古代ギリシアの考えに訴えることによって歴史に打ち勝とうとした（Hunt, 1984, p. 27）。スコット（Scott, 1990, p. 101）は、反乱のレトリックは教会や国王など、既存の保守的制度にも訴えると指摘している。「一六〜一七世紀のフランスとイタリアでは、反乱者たちが「マリアに栄光あれ（ヴィヴァ・マリア）」と叫んでから具体的な要求を述べたてた」。スコットは、これを「偽りの意識」の証拠としてではなく、戦略的な企てとして解釈すべきだと強調している。「これによって国王は自らの威信を強化しているように見せつつ、訴えを認めることができる。そして主導権を奪われたにせよ、そのダメージを最小限にできる防御体勢をとれる」。ここにはもう一つの戦略的な要素がある。「保守的覇権の儀式的象徴を持ち出す」ことによって、革命家たちは共通知識をよりうまく生成できる。革命家たちの要求を聞いた人々は、他の人々も少なくともその一面を理解できることを知るのである。

もし歴史が共通知識の生成を助けるのならば、おそらく共通知識は歴史を作り出せるだろう。社会がそれ自身の歴史と考えるものは、構成者の過去の体験の単なる合計ではない。過去の経験、記録すること、解釈すること、集合的に「覚えていること」が社会的制度となる。ポール・コナートン〔一九四〇―二〇一九。イギリスの人類学者〕（Connerton, 1989, pp. 39–40）は、「記憶の社会的形成を研究することは、共通に覚えていることを可能にする変換の行為を研究することである。……過去のイメージと過去についての再収集された知識とは、（多少とも儀式的な）パフォーマンス」、とりわけ「記念式典」によって「伝達され維持されていく」と述べている。エリック・ホブズボウム（Hobsbawm, 1983, pp. 304-305）は、一八七〇年から一九一四年にかけての「創られた伝統」の熱狂を、一般男子参政権の出現によって、国家が正当性を得るために膨大な「聴衆」に訴えるようになったことに見て取り、これを「野外あるいは室内の競技場など、見世物と事実上の集団儀式のための、本質的に新しい建築の発明」に関連づけている。ケネディ大統領の暗殺は戦後アメリカ史における主要事件の一つと考えられているが、おそらくその理由の一部は、「巨大な現代国家において、それが小さくて単純な社会においてのみ可能であるはずの緊密で相互的な新しい献納の儀式に最も近いものであったためであろう」（Verba, 1965, p. 354）。シドニー・ヴェルバ（1965, p. 355）によれば、「この儀式的側面にとって最も重要なのは、事件そのものではなかったであろう。……事件に対する反応が共有されたことのほうが、より重要と思われる。それは多くの場合、テレビのまわりに集まった家族によって、そして教会の礼拝や地域の儀式によって共有された。しかしそれは、メディア自体を通して強烈に、広く共有されたのである。そこにはアメリカ人一人ひとりの感情が関わっていただけではなく、メディアが国民の感情をはっきりと皆に感じさせたのである」。最後に、一九六九年のニューヨーク市のストーンウォール・バーでの暴動は、同性愛者の権利運動の重要事件として広く認識されているが、しかし、ある参加者によれば、それが歴史の一部となったのは暴動そのものというより、一年後に行われた追悼式のためである。「もし政治デモをしてストーンウォールを追悼しなかったら、誰もストーンウォールのことなど覚えていなかっただろう」（*After Stonewall*, 1999）。

共通知識と集団アイデンティティ

人々は集団とはみえないような集団にあっても、しばしば協調する。あなたが、シカゴの私の家族を守ることに合意し、募兵に応じるならば、私もマイアミのあなたの家族を守るために、軍隊に入るかもしれない。しかしなぜ、トロントやハバナの人々とは、こういう風にならないのだろうか。これは社会的な絆だけでは説明できない。ベネディクト・アンダーソン（Anderson, 1991, p. 6）が指摘するように、「最も小さな国家の構成員でさえ、国民の大部分について聞くことはおろか、知り合ったり出会ったりすることはない」。しかし、疑いもなく国家は集合的に行動する。

アンダーソン（1991, pp. 6, 44）は、国家を「想像の政治的共同体」であると定義している。ここで「想像の」とは、本質的には共通知識を指している。「フランス語、英語、あるいはスペイン語は非常に多様で、話者たちは互いに理解しあうことが困難であり、時に不可能であったが、やがて印刷物によって互いに理解しあえるようになった。この過程で彼らは徐々に、何百何千、いや何百万もの人々が彼らの言語圏にいることに気づくようになった。……同じ言語の読み手たちは……国家として想像されたコミュニティの萌芽を……形成したのである」。アンダーソン（1991, pp. 35–36）は、朝刊を読むことは、「沈黙のプライバシーにおいて行われる、大衆儀式」であるという。「……人々は、自分が行う儀式が同時に何千（何百万人）もの人々によって行われていることを十分承知している。……自分の読んでいる新聞とまさしく同一のものが、地下鉄で、床屋で、近所の家で、消費されている「のを知っているからである」」。ここでは仲間の読者が読んでいるその内容は、たいして意味をもたない。問題なのは、各読者は他の読者もまた同じものを読んでいると、知っているということである。もちろん、この理屈は国家以外にもあてはまる。メッカへの巡礼の途上、「カーバ神殿〔メッカの大本殿の中にある神殿〕の前でマレー人に出会うベルベル人は、まるで自問するように尋ねる。「なぜこの男は私がしていることと同じことをし、声に出していることと同じことばを声に出しているのか。私たちはお互いに話すこともできないのに」。答えは、一つしかないし、すでに知っている。「なぜなら、われわれはイスラム教徒だからだ」」（Anderson, 1991, p. 54）。おそらく、共通性が自明であるだけではない。そのことがお互いに自明なのだ。一緒に祈るうちに、あなたが私と同じ祈禱を知っていることに私は気づく。そして、私が同じ祈禱を知っていることをあなたが知っていることを知っている。

クラークとマーシャル（Clark and Marshall, 1992, p. 36）が指摘するように、同じ共同体に属するということは、共通知識を形成する一つの方法である。「基本的な考えは、一つのコミュニティの全員が知っており、コミュニティの全員が知っていると誰もが思っている物事があることだ」。しかし、共通知識はある程度、コミュニティを生み出すともいえる。ジョセフ・トゥロー（Turow, 1997, p. 2）は、一九七〇年代以降の広告全般の傾向は、マス・マーケティングからニッチ・マーケティングへの移行であり、それは（ケーブルテレビ、インターネット、専門雑誌など）より「対象を絞ることの可能な」メディアの革新と、うまく対象を特定する統計手法、データ収集法の発達によると論じている。この結果は社会的細分化であり、「門と塀で囲まれた電子版のコミュニティ」となった。

　集団アイデンティティがコミュニケーションを通じて形成されるという考えは新しいものではない。ナンシー・フレイザー（1990, p. 100）は、「社会的文脈とコミュニケーションの社会的実践を強調し、歴史的に変化している多彩広範な場所と実践の複数性を研究し……、［それゆえに］社会的アイデンティティを複雑で、変化しており、多彩広範に構築されるものとしてとらえる可能性を提供する」プラグマティックな理論を使うよう勧めている。共通知識はそのような理論に有効な概念である。

　一九九四年に南アフリカで政権を掌握して後、アフリカ民族会議は周到な人種和解政策をとった。たとえば、アフリカ民族会議の地域代表は、必ずアフリカーンス語を用いるようにした（Waldmeir, 1997, p. 269）。この過程で最も重要かつ象徴的だったのは、一九九五年五月にヨハネスブルグで開かれたラグビーのワールドカップ決勝戦の競技場に、ネルソン・マンデラがチーム・ユニフォームを着て登場したことだった。七万人のファンは大多数が白人だったが、「ネルソン！　ネルソン！」と大声で唱和し始め、南アフリカチームが勝った時には、国全体が祝祭に沸き立ったのだった。ラグビーは長らくアパルトヘイトの象徴として憎悪されていたが、その一瞬に、集合的な共通知識のイベントとなり、すべての南アフリカ人が誇りうる何ものかへと変容したのである。デズモンド・ツツ大司教によれば、それは「われわれの国の生涯を決定づける瞬間だった……」。われわれが勝った瞬間に、人々がソウェト〔南アフリカ共和国の首都ヨハネスブルグの黒人居住区域、一九七六年の反アパルトヘイト蜂起の地〕で踊ることができたとは信じられないことだ。私は思うのだが、それはまさにわれわれの国を動かす効果があった。われわれは現実に一つの国家になれるのだと明言したのである」（*The Long Walk of Nelson Mandela,* 1999）。

4　おわりに

西欧の伝統における合理性と非合理性の区別は、少なくともアリストテレスまで遡る（Aristotle, 1976, p. 90）。アリストテレスは「魂の非合理的部分」は「子どもが父親に注意を払うのと同じ意味で」合理的部分によって説得され諭されると書いている。この区別は誤解を招きやすく、少なくとも単純すぎることは容易に指摘できる。たとえば、人間の感情と意思決定のあいだには神経的な連絡があるようであり、このことは、前頭葉に損傷を受けた人が、たとえば知能テストで計測すると純粋な推論能力は損なわれていないにもかかわらず、無感情になり、同時に日常の意思決定もよくできなくなることからわかる（Damasio, 1994）。

人々の生活や社会的生活は大変複雑で豊かであり、単純な区別は当然簡単なものでしかない。しかし、普遍性をもって社会的世界を理解するためには、限りなく詳細に記述しようというのでなければ、単純で簡単な概念を用いる必要があるというのが一般の理解である。たとえば本書は、人々の思考と行為についてのきわめて単純な概念を用い、それを広範な事象に応用している。こうして理論と説明を現実そのものよりもはっきりとさせることができる。たとえば、人間の「合理的部分」と「非合理的部分」のあいだが明確に分けられると言う者はまずいないが、合理的な説明と、非合理あるいは無合理な説明のあいだにははっきりとした区別があるのは明らかであろう。ヴィルフレド・パレートはこの区別を経済学と社会学の境界線と呼び、二つの学問の違いを述べた（Swedberg, 1990, p. 11 参照）。

この区別は、理性と文化、思考と気分、計算と感情などあらゆる区別にも関連しており、最近の研究に容易に見て取れる。たとえば、ジーン・コーエン（Cohen, 1985, p. 687）の集合活動に関する論文は、「戦略あるいはアイデンティティ」という二分法的なタイトルをもち、「資源動員パラダイム」と「アイデンティティ志向パラダイム」とを区別している。「連帯、集団アイデンティティ、意識、あるいはイデオロギー等への考慮を、その分析枠組みを崩さずに資源動員論に単純に加えることは……できない。明らかに、資源動員の見方は……合理的活動の概念によって機能するのであって、これらの問題に対応するには狭すぎ、したがってそれは不可能である」。ジェームズ・ケアリー〔一九三四―二〇〇六。アメリカのコミュニケーション理論家〕（Carey, 1988, pp. 15, 18–20）は、「「付与」「送信」「伝達」あるいは「他者への情報伝達」という用語で定義される……コミュニケーションを伝達としてとらえる見方」が、アメリカの学界においては、「「共有」「参加」「連関」「仲間関係」「共通信仰の保持」等の概念を用いる「コミュニケーションの儀式的見方」を押さえつけてきた」と記している。その理由は、「心理的生活を至高の現実とするわれわれの強迫的な個人主義のゆえであり、……〔そして〕実際的でない人間活動の重要性を軽視させることにつながるわれわれのピューリタニズムのゆえである」。

本書では、この区別がそう簡単には維持できないことを示そうとしてきた。まず、協調問題の文脈における狭い、簡潔な合理性の概念から始め、必要とされる共通知識は実質的に、間主観性、集合的意識、集団アイデンティティの問題と関わっていることを説明した。まず現実的な協調問題に実際に直面している個人から始め、コミュニケーションを「伝達」とみる視点（一元的知識）を超えて、「儀式」の視点（共通知識）を含めることこそが必要であることを明らかにした。

ウィリアム・スーウェル（Sewell, 1993, p. 25）は物質と文化の区別を、キリスト教形而上学における卑と霊の区別に位置づけ、現実の立場からこれに反論した。たとえば生産と交換の経済世界は物質的であるだけではない。なぜならば、絵が印刷された紙片である貨幣は、本質的には象徴的なものだからである。概念の世界は、単に文化的なだけではない。なぜならば、それは「物質的な実体――紙、インク、あるいはコンピュータのキーボード／振動する空気、朗読台、説教台、あるいは木箱／講義室、教会、書斎、あるいは図書館――の操作」に関わるからである。本書もこの区別に反対するが、実際の人間の体験にもとづいて反対するわけではない。それらが重要なのは言うまでもない。ここでの議論は、合理性の論理そのものにもとづいている。つまり、かろうじて合理的なホモ・エコノミクスといえども、協調問題を解決する時には共通知識を形成しなければならず、ここでの私たちの理解では、それは儀式の一つの側面なのである。

文化的行為を理解するのに合理的選択理論、とりわけゲーム理論が役立つという考えは、新奇なものに思えるかもしれないが、実際は三〇年以上も前に、アーヴィング・ゴフマン（Goffman, 1969）が、その著作、わけても『戦略的相互作用』で提唱しており、クロード・レヴィ＝ストロース（Lévi-Strauss, 1963, p. 298）も、ゲーム理論は「社会人類学、経済学、言語学をしだいに一つの大きな分野、コミュニケーションの研究領域へと統合する」ことを可能にしたと明言している。ゲーム理論の象徴的行為と文化への明確な応用は、シェリング（Schelling, [1960] 1980）の著作にその予兆がみられるが、最近ではいくつかの方向で追求されている（とくにO'Neill, 2000とSchuessler, 2000 ; Bates and Weingast, 1995 ; Lichbach and Zuckerman, 1997も参照。議論についてはBermeo, 1997参照）。私は、この発展を応用の拡がりや多様化ととらえるべきではなく、むしろゲーム理論に内在する論点がとるべき段階だと考える。言いたいのは、文化的行為は合理的選択理論が吟味するのにちょうどよい付加的なトピックだということではない。合理的選択理論そのものが、この発展を必要としているということなのである。

　ゲーム理論は、もっぱら他の理論では不可能な種類の予測を可能にするという理由で、しばしば用いられる。経済学の教科書の例でいえば、売り手寡占のゲーム理論である。一つの企業によって市場が独占されている時には、利益の最大化を前提に予測が可能である。競争的市場（それぞれ、均衡価格に影響を与えるには小さすぎる多数の企業）が存在している時には、需要と供給が一致すると仮定することで予測が成り立つ。売り手寡占市場においては、いくつかの企業が相互に依存しながら価格に影響を与えるため、均衡点を求め予測するには、ゲーム理論が必要とされる。

　しかしながら、ゲーム理論ではうまく予測できないこともある。ゲーム理論のモデルの多くは、きわめて多くの均衡をもつ。たとえば、道路の右側を運転するか、左側を運転するかという例を考えてみよう。誰もが右側運転するのは、他の人々もすべて右側運転をし、自分だけ「逸脱して」左側を運転しようとする人がいないという意味で均衡解である。誰もが左側を運転するというのも、均衡解である。ここには二つの解がある。誰もが同じ側を運転するだろうとは予測できるが、それが右なのか左なのかは予測不可能である。これはきわめて単純な例だが、一般的に、複数解があると解決がきわめて難しい。

この問題は基本的なものだが、いくつか対処法がある。一つは、できる限りゲームそのものから予測力を引き出すことである。どのようなゲームにおいてもその目的は単一の予測を引き出すことであると仮定して、それが可能なように公理を発展させることである（ハルサンイとセルテンがしたように[Harsanyi and Selten, 1988]）。もう一つは、ゲームの外部の、一つの解で協調するために人々が用いる社会的過程を明示的に考察することである。大まかに言って、最低三種類、このためのモデルがある。

ごく最近のゲーム理論研究では、ゲームをしている個人は学習し、修正し、あるいは進化の過程で選択されるものとしてモデル化される（たとえば Samuelson, 1998 ; Young, 1998）。動的な適応過程の結果として、ある解は他の解よりも生じる確率が高いという考え方である。このアプローチは、典型的には人間は単純な学習規則あるいは適応に従うと仮定するが、またしばしば、ゲーム理論は超合理性を前提としているというよくある反論に反論することも意図している。第二のアプローチは、前述したように何を焦点とするのかで、しばしば社会や文化の一つのあり方として解釈される。たとえばニューヨークの住人は、グランド・セントラル駅を待ち合せ場所にすることが多いが、ニューヨーカーではない人々は、エンパイア・ステート・ビルを待ち合せの場所に選ぶことが多い。グランド・セントラル駅の「焦点らしさ」は、ニューヨークの地元文化の一部として理解できる。

これらのアプローチはどちらも重要であるが、協調過程を意図的ではないものと仮定している。適応あるいは進化的なアプローチは「見えざる手」による説明を思い起こさせ、人々が意図的に協調するのではない。誰も計画せず、考えてもみないのに、協調が「ただ起こる」のである。焦点は、シェリング（[1960] 1980, p. 144 ; Calvert, 1992も参照）の「合意のための明らかな焦点がない時、[個人は]自らの力でそれを作り出し、劇的に示唆することができる」という観察にもかかわらず、通常、何か外的に与えられるものとして理解されている（たとえばKreps, 1990）。本書の第三のアプローチは、協調を、明示的なコミュニケーションを通じて達成される、活動的で目的をもったプロセスとみなす（Johnson, 1993参照）。協調は、適応と進化、そして暗黙のコミュニケーションによっても達成されるが、多くの場合、明示的なコミュニケーションによる。二人の人が一緒に楽しそうにレストランにいるのを見たとして、どちらかが「突然変異して」偶然にレストランに入り、もう一人が適応してその後について入ったと考えることもできるし、何らかの暗黙の了解のうちにそこで出会ったと考えることもできるが、しかし、素直に二人はそこで会う約束をしていたのだと考えるのが最も妥当であろう。もちろん、このコミュニケーションの過程は、二人以上の場合にはより複雑になる。しかし、これが本書で論じてきたことである。

人々が協調問題を解くためにどのように明示的にコミュニケーションをするかをみるならば、一般的なゲーム理論による推論からも意味の言語学的理論、さらには常識的な直感からも、共通知識の問題がすぐに浮かんでくる。共通知識が社会においてどのように形成されるかをみるためには、式典、メディア・イベントなどの儀式のように見えるコミュニケーション事象を研究する必要がある。共通知識を文化的行為と関連させることによって、本書は、しばしば別々のものであり、敵対するものとさえ考えられてきた合理性の観点と文化の観点が、相互に緊密に関係していることを指摘している。個人の合理性という考えは、歴史的にはきわめて小さな市場社会と結びつけられてきたが、社会の統一性を作り出す文化的行為の理解に役立つ。文化研究は、経済的文脈について長らく検討してきた。ゲーム理論により「物質的」合理性の論理的帰結を追究していくと、そこには文化があらわれるのである。

付録　ダイアグラムで議論を表現する

協調問題をモデル化する

バスに乗っている二人の同僚の例では、共に、相手も同じようにする限りにおいてバスを降りて一杯飲みたいと思っている。人のモチベーションは、それぞれの結果にその利益あるいは効用に対応する数をあてはめることで表現できる。たとえば、私にとって最悪の事態は、私がバスを降りたのに、あなたが降りない場合である。なぜなら、あなたと一緒でないのに一杯飲んでも、私は楽しくないからである。これは私に利得0をもたらす。いちばんいいのは、二人共に下車することである。一緒に酒を楽しめるから、これは私に利得6をもたらすとしよう。もし私がバスに乗ったままでいれば、あなたが下車しようがしまいが、「現状維持」の利得4を得る。

あなたが私と似た考えでいると仮定すると、あなたの効用を書くことができる。あなたにとって最悪の事態は、あなたが下車して、私は乗り続けていることである。

二つの表を合わせて一つの表にすれば便利である。それぞれの結果について、数字の対《つい》ができる。

私の利得

	あなたは下車する	あなたは乗っている
私は下車する	6	0
私は乗っている	4	4

あなたの利得

	あなたは下車する	あなたは乗っている
私は下車する	6	4
私は乗っている	0	4

私の利得，あなたの利得

	あなたは下車する	あなたは乗っている
私は下車する	6，6	0，4
私は乗っている	4，0	4，4

私の利得とあなたの利得である。

この表を検討すると、あなたが下車する場合に限って私も下車したいと思い、私が下車する場合に限ってあなたも下車したいと思うことがわかる。ゲーム理論の力と簡潔な点は、きわめて多様な協調問題をみな、このような表一つに表現できることである。

メタ知識をモデル化する

共通知識とメタ知識についてはロバート・オーマン（Aumann, 1976）が数学的に定式化している（オニール［O' Neill 2000］の「相互信念システム」も同様である）。まず、その世界で起こりうるすべての状態を一覧表にする。同僚とバスに乗っている時に共通の友人に呼びかけられた場合、たとえば、私が起きているか眠っているか、あなたが起きて

図16　対面状況

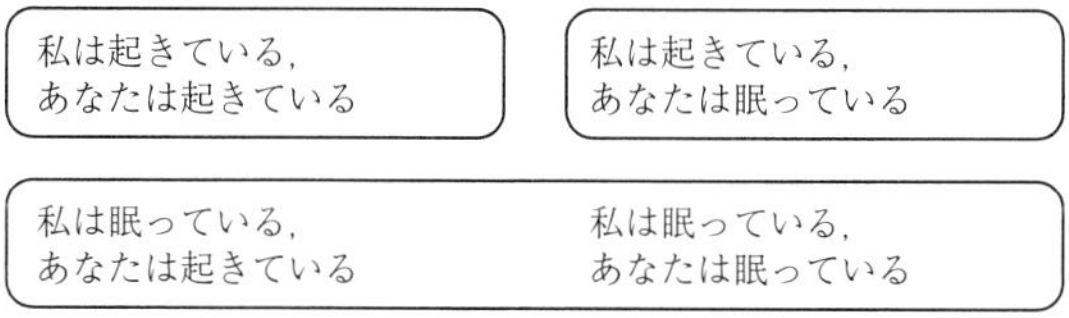

図17　私の状況を示す枠

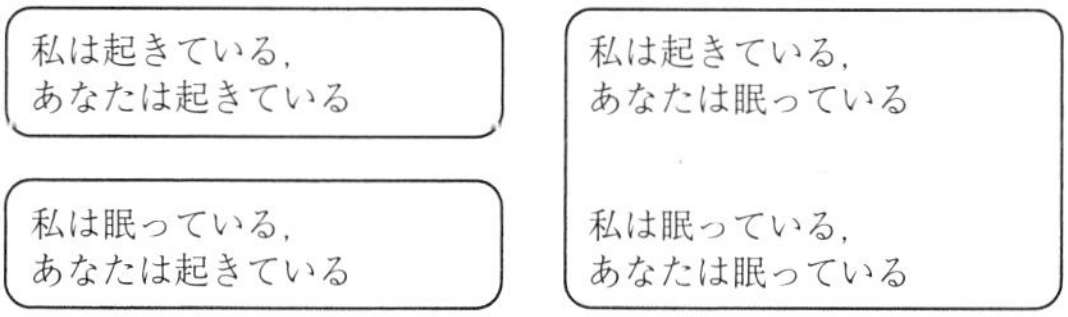

図18　あなたの状況を示す枠

いるか眠っているかで、可能な四種類の状態がある。「私は起きている、あなたは起きている」「私は起きている、あなたは眠っている」「私は眠っている、あなたは起きている」「私は眠っている、あなたは眠っている」である。

世界の現実の状態を見極める人の能力は、それぞれに異なる。たとえば、向き合って見つめ合っている状態を考えてみよう。私はあなたを見ていて、あなたも私を見ている（図16）。

私が眠っていれば、私にはあなたが眠っているかどうかわからない。しかし、私が起きている時にはわかる。このことを次のような、状態を区分する枠で表現できる（図17）。

この図の眼目は、二つの状態が同じ枠の中にある時には、これら二つの状態を私が区別できないということである。二つの状態が別々の枠の中にある時には、それらを区別できる。「私は眠っている、あなたは起きている」と「私は眠っている、あなたは眠っている」は同じ枠の中に入っているから、私はこの二つの状態を区別できない。同じように、あなたが起きていれば、あなたには私が起きているかどうかわかる。図18はあなたの知識を描いたものである。

人々が知っていることとは何だろう。それは事象であり、事象とは簡単にいえば世界の状態の組み合わせである。たとえば図19は、「あなたは起きている」「私たちは共に起きている」「私たちのどちらか一方が起きている」という三つの事象を「太い線の箱」で表している。たとえば、あなたが起きているという事象を取り上げて、これを私の状態を示す枠の図と合わせて書くと、図20のようになる。ここで箱は、あなたが起きているという事象を示している。「私は起きている、あなたは起きている」を囲んでいる枠が、箱の中にあることに注意してほしい。私が起きていてあなたも起きている時、私はこの状態がこの枠の中にあることを知っている。この枠は箱の中にあるから、私はあなたが起きているのを知っている。ところが、「私は眠っている、あなたは起きている」の枠は、この箱の外にはみ出している。私が眠っていてあなたが起きている時には、私はこの状態と、「私は眠っている、あなたは眠っている」状態を区別できない。枠は箱の外にはみ出しているから、私はあなたが起きているかどうか確実に知ることはできない。

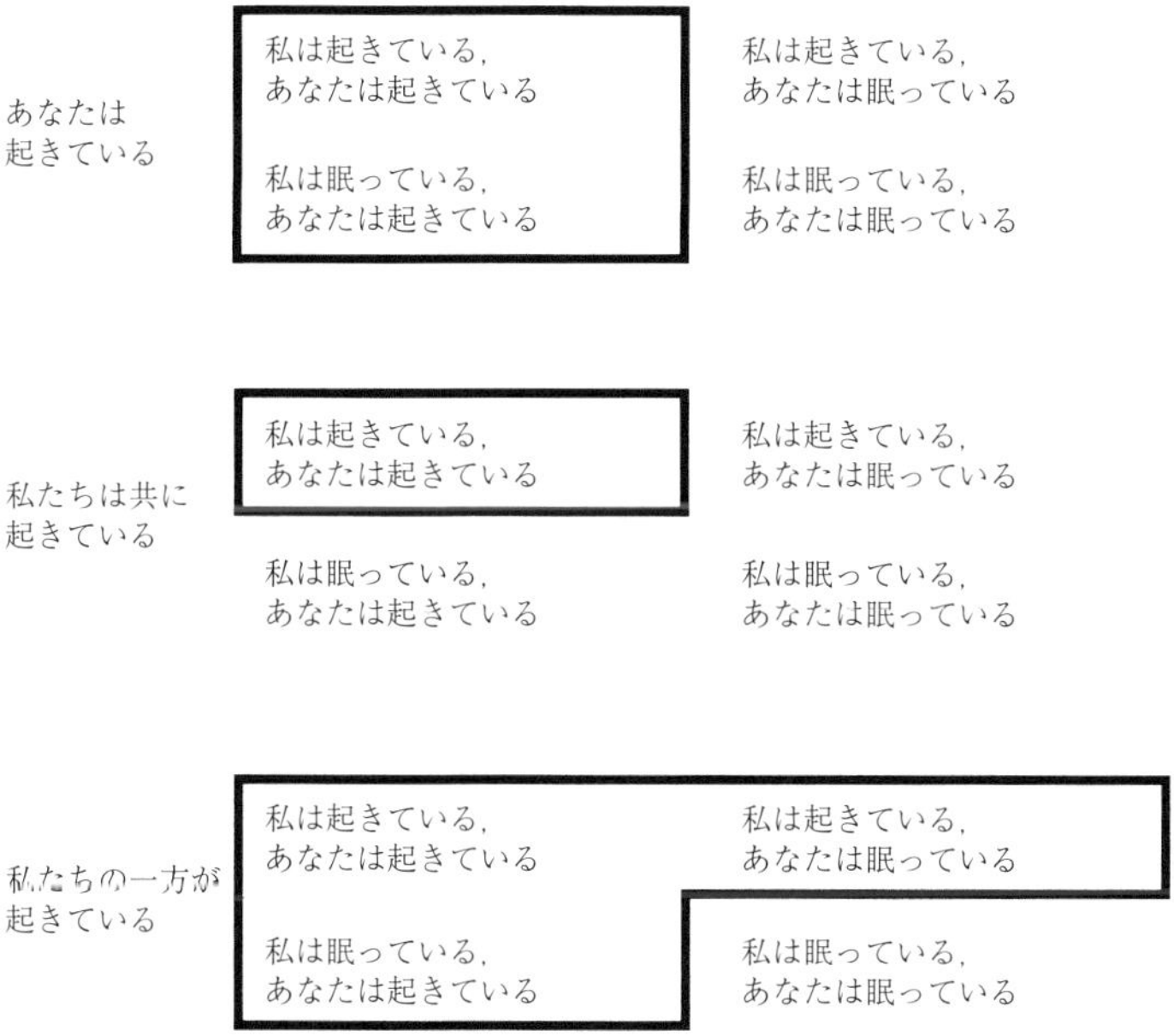

図19　さまざまな出来事

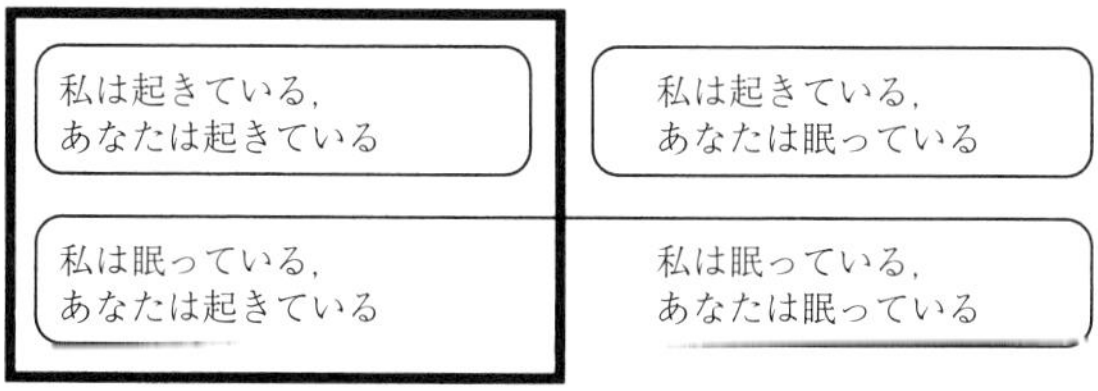

図20　私が起きていて，あなたも起きている時，私はあなたが起きていることがわかっている。私が眠っていてあなたが起きている時には，私にはそれがわからない

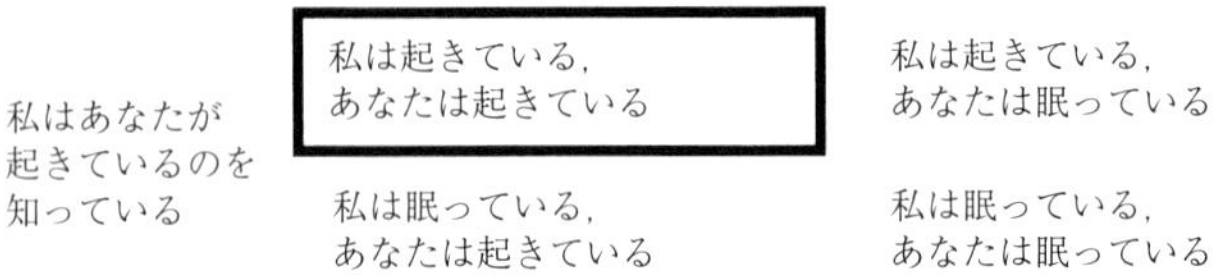

図21　あなたが起きているのを私が知っている出来事

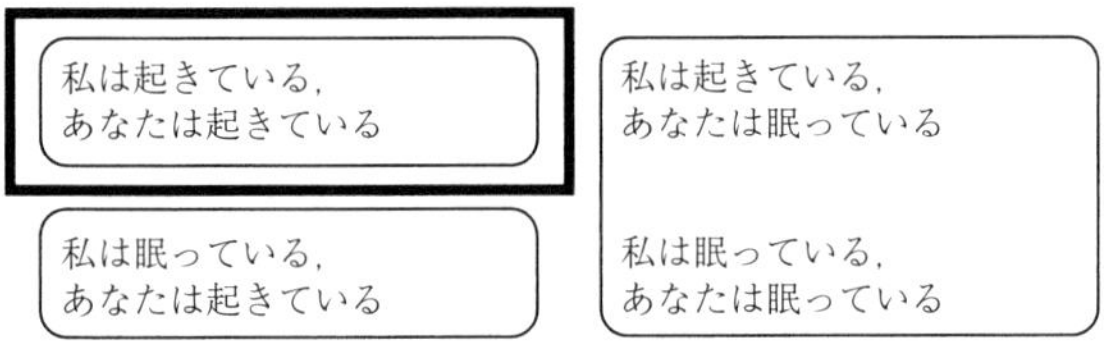

図22　私が起きていてあなたも起きている時，あなたが起きていることを私が知っていることをあなたは知っている

それゆえに、これらの枠が示すように、私たちが共に起きている時だけ、私はあなたが起きていることがわかる。しかし図21に示すように、「私はあなたが起きているのを知っている」ことをまた別の事象と考えることもできる。これは、単に私たちが共に起きているという事象と同じである。図22のように、この事象をあなたの枠の図と合わせてみよう。

もしあなたの枠が箱の中にあれば、あなたはその事象が起きたことを知っている。ここでいう事象は、あなたが起きていると私が知っているということである。私たちが共に起きている時、「あなたは起きている、私は起きている」状態で、あなたの枠は箱の中に収まっている。したがって、あなたが起きていることを私が知っているという事象をあなたは知っている。つまり、あなたが起きていることを私が知っていることをあなたは知っている。

互いにこの過程を続けるには、さらに高次のメタ

図23　こちらを見ていないあなた

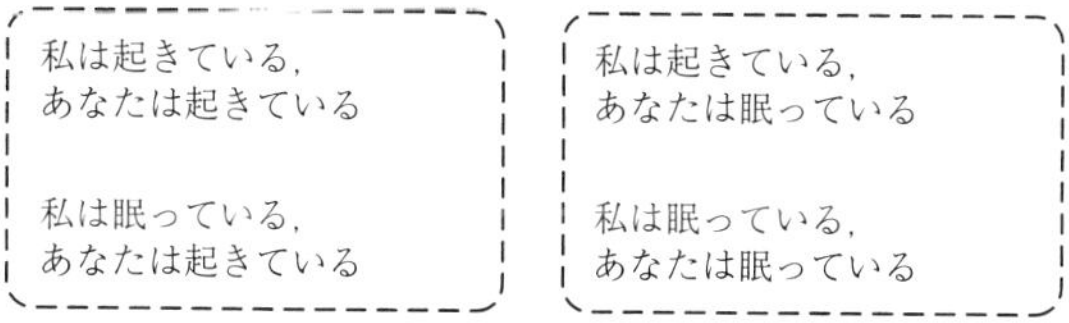

図24　あなたがこちらを見ていない時の，あなたの枠

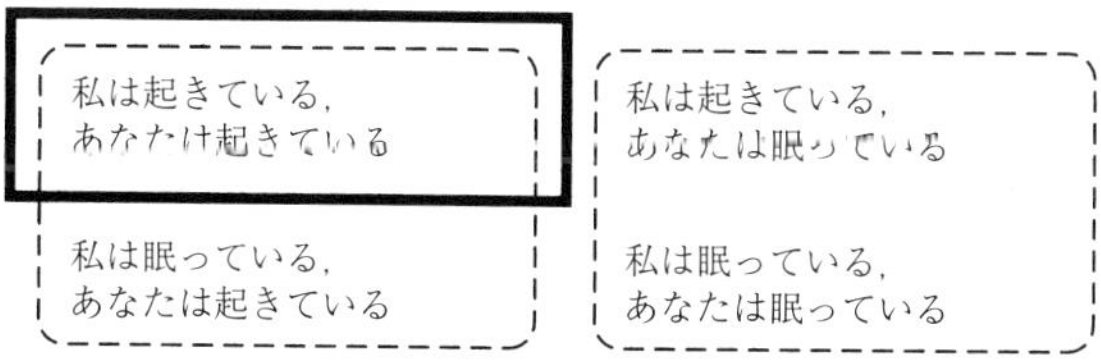

図25　あなたが起きていることを私が知っていることを，あなたは知らない

知識が関わってくる。この例でいえば、私たちが共に起きている時には、私はあなたが起きていることを知っていることをあなたが知っていることを……ということが何段階でも続く。したがって、私たちが共に起きている時には、あなたが起きているということは共通知識だといえる。

　みなに知られていることでも共通知識にならないのはどういう場合かを理解するために、図23を見てみよう。あなたは私のほうを見ておらず、私にはあなたが見えるが、あなたには私が見えない。私の状態を示す枠の図は先ほどと同じである。私が起きている時には、私はあなたが起きているかどうかわかる（私はあなたが頭をこっくりこっくりしているのが見える）。しかしあなたの枠の図は違っている。あなたは起きていても、あなたには私が起きているかどうかわからない。なぜなら、あなたには私が見えないからだ。したがってあなたの新しい枠の図（区別するため点線にしてある）は、図24のようになる。

私の枠の図は変わっていないから、この場合もあなたが起きていることを私が知っているという事象は、私たちが共に起きているという事象である。この事象をあなたの新しい枠の図に組み合わせると、図25のようになる。

ここで「私は起きている、あなたは起きている」状態の時、あなたの枠は箱の外にはみ出す。あなたが起きていると私が知っていることを、あなたは知らない。私たちが共に起きている時には、私はあなたが起きていることを知っており、あなたはあなたが起きていることを知っている。しかし、あなたは、私があなたが起きていることを知っていることを知らない。二人とも起きている時、二人ともあなたが起きていることを知っているが、これは共通知識ではない。

なぜ共通知識は協調問題の解決に役立つのか

これまで、協調問題を数字の表にして表し、あなたの知識と私の知識を枠の図で示してきた。利得を示す表の数字は、バスを下車することへの二人の選好を表している。枠はコミュニケーションの過

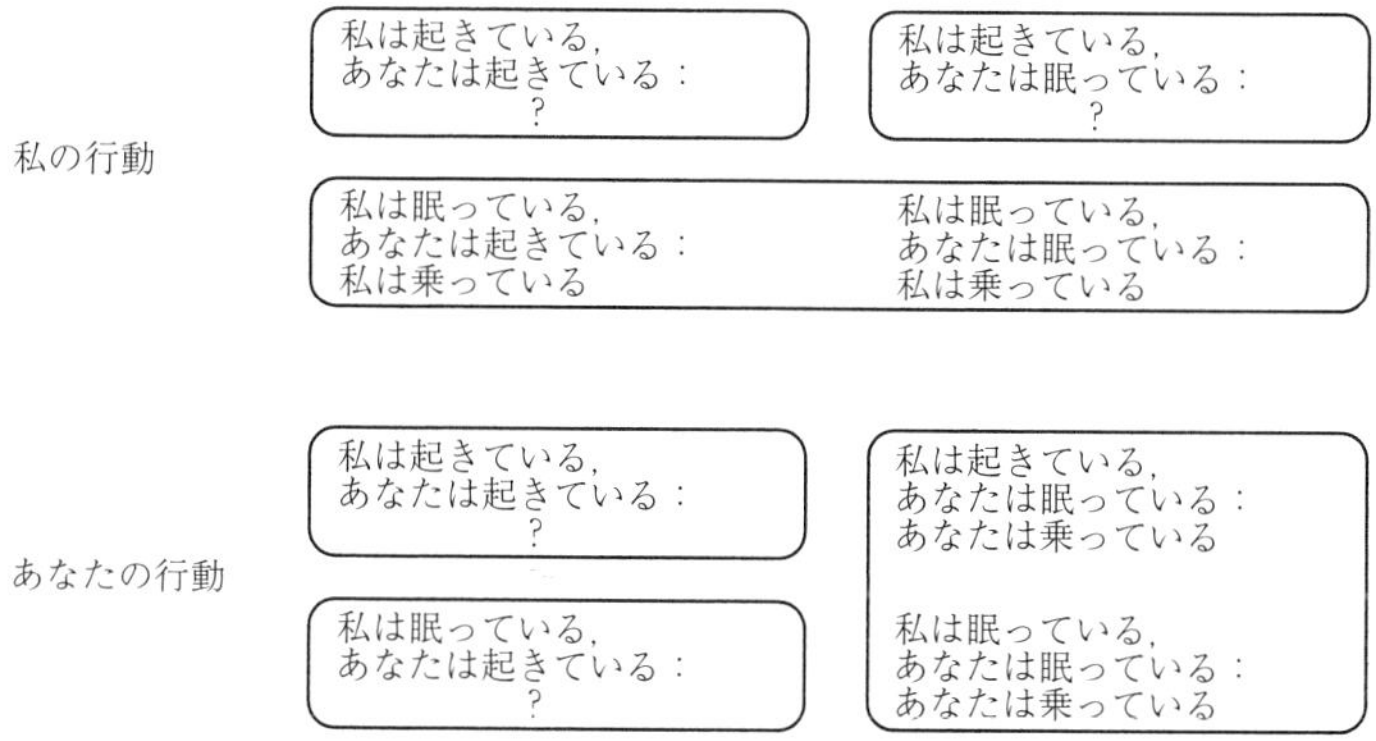

図26　それぞれの状況における私たちの行動

程を示している。たとえば、私たちが互いを見ている時は、あなたの枠の図はあなたが私のほうを見ていない時のものとは異なる。コミュニケーションの過程を完全に記述するためには、さらに二つの要素を特定しなければならない。第一に、一人がメッセージを受け取らなかった場合に何が起こるかを特定しなければならない。ここでは、眠っている人は呼びかけを聞かず、したがってそのまま「現状維持」でバスに乗っていると仮定する。第二に、それぞれの状態がどれくらいの確率で起こるかを特定しなければならない。ここでは、起きているか眠っているかが同じ程度の確率で起こると仮定する。したがって、四つのそれぞれの状態が起こる確率は同じである。

　これで二人の利得とコミュニケーション過程を特定したので、あなたと私がどうするかを判断することができる。私たちが互いを見ている場合を考えてみよう。図26に答えていくだけでよい。この図は、それぞれの状態において私たちがそれぞれどうするかを特定している。眠

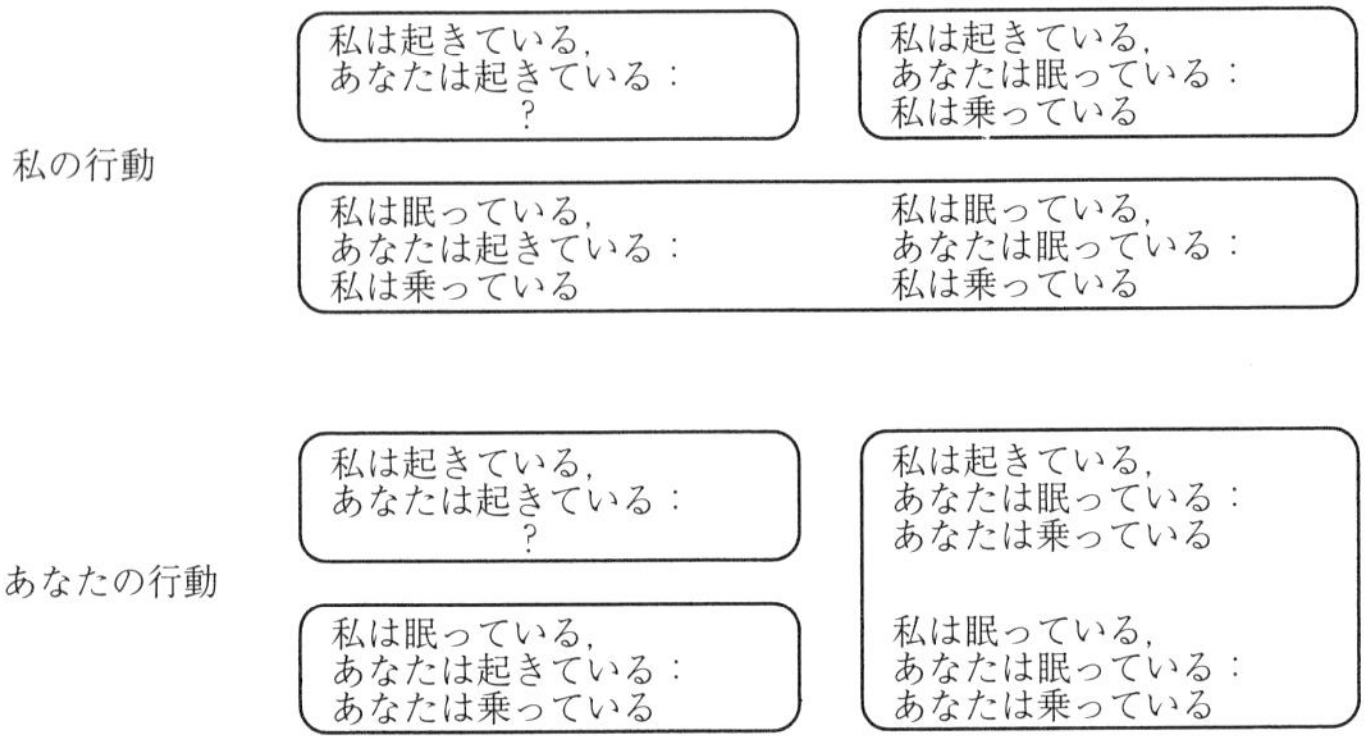

図27　もしあなたが相手が眠っているのを見たら，あなたは下車しない

っている人はバスに乗ったままだという前提に注意してほしい。

「私は起きている、あなたは眠っている」という状態にある時、私はどうするだろうか。図26から、あなたはバスに乗っていることがわかる。ここで私の利得表を見ると、もし私がバスから降りれば、私の利得は0である。もしバスに乗ったままなら、私は利得4を得る。そこで私はバスに乗っていることを選ぶ。同じように、「私は眠っている、あなたは起きている」状態では、あなたはバスに乗っていることを選ぶ。なぜなら、あなたには私が眠っているのが見えるからである（図27）。

「私は起きている、あなたは起きている」という状態では、何が起こるだろうか。もし一人が下車してもう一人がそのまま乗っていたなら、その状態は「不安定」である。なぜなら、どちらかが自分の行動を変えたいと思うからである。したがって、可能性は、図28と図29に示したように、私たちが二人共に下車するか、二人とも乗

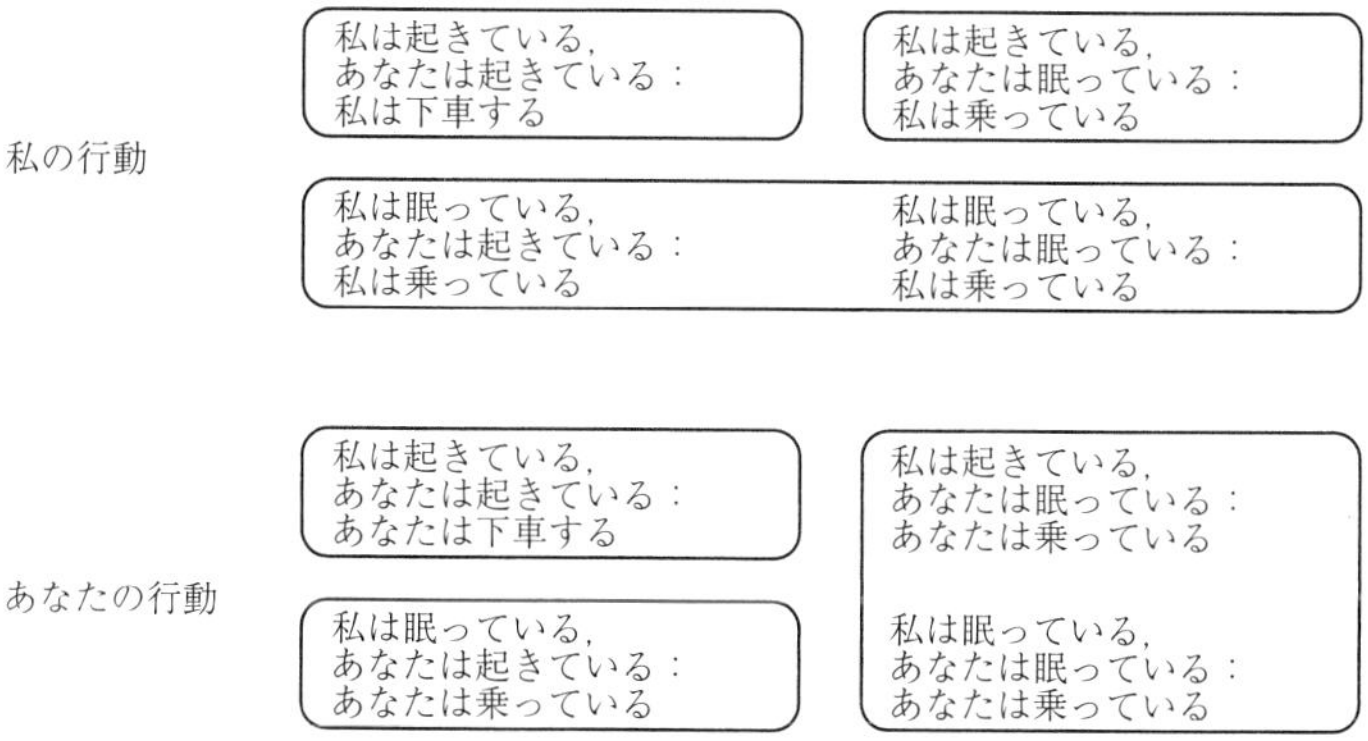

図28　均衡の成立

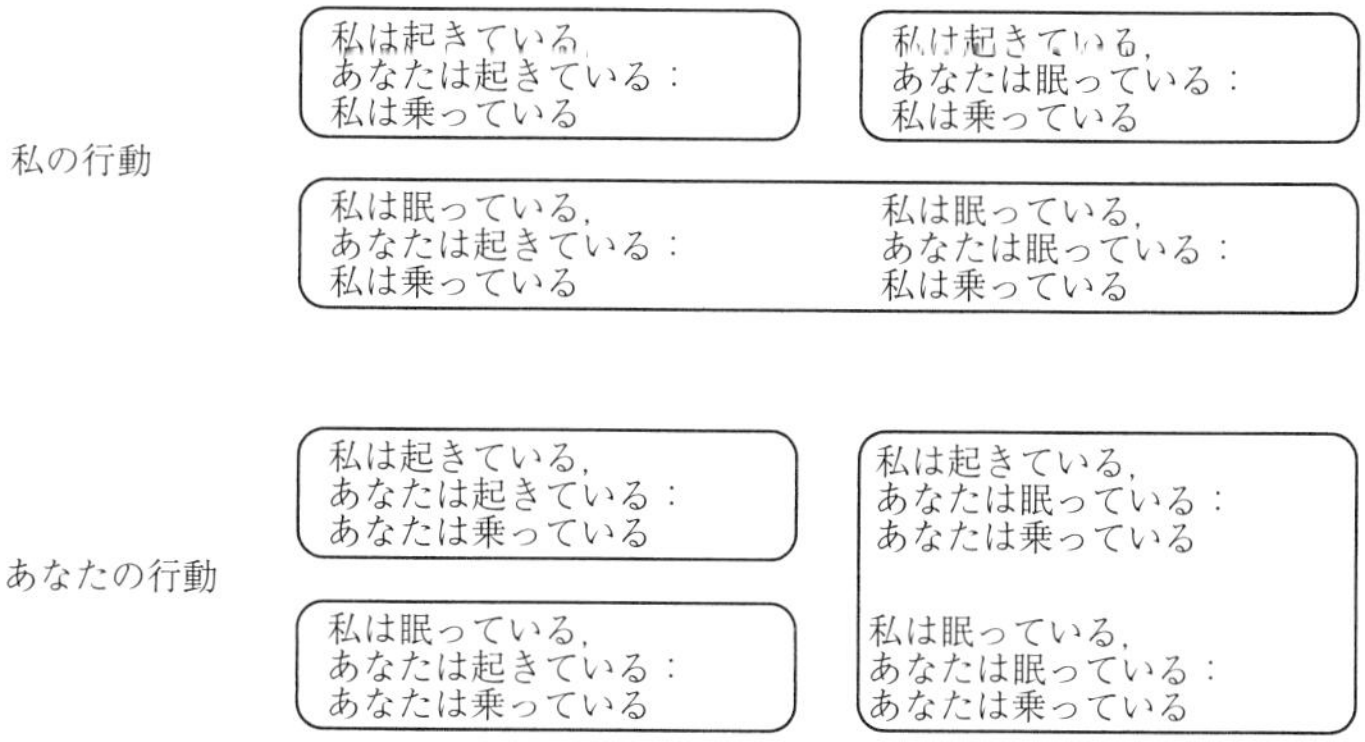

図29　均衡の不成立

っているかのどちらかである。両方の状態ともに「均衡」であり、相手の行動がわかっているからどちらもそれと違った行動をとろうとはしない。均衡が「成立する」状態では、私たちが共に起きていて、あなたが下車するなら私も下車することが私の利益になる（私は利得4のかわりに利得6を得る）。同様に、私たちが共に起きていて、私が下車したならば、あなたも下車しようと思う。均衡が「不成立の」状態では、私たちが共に起きている時、あなたが乗っているから、私も乗っている（私は利得0のかわりに、利得4を得る）。そして、私が乗っているから、あなたも乗っている。均衡が成立した場合には、私たちは呼びかけられた結果としてバスから下車する。均衡が不成立の場合は、私たちはバスから下車しない。

さて、ここであなたが私のほうを見ていない場合（図30）を考えてみよう。前述したように、あなたが私を見ていないので、あなたの枠の図は異なったものになる。あなたが起きていても、あなたには私が起きているかどうかわからない。ここでも、眠っている人はバスに乗っているものと仮定する。同じく「私は起きている、あなたは眠っている」状態では、あなたが眠っているのが見えるので、私はバスに乗っている。

「私は起きている、あなたは起きている」状態、そして「私は眠っている、あなたは起きている」状態では、あなたはどうするだろうか。第一に、あなたはこれらの状態を区別できないから（これらは同じ枠の中にある）、どちらの場合も同じ行為を選ばざるを得ない。つまり、私が起きているかどうかがあなたにはわからないので、あなたは私が起きているか否かによって自分の行動を調整すること

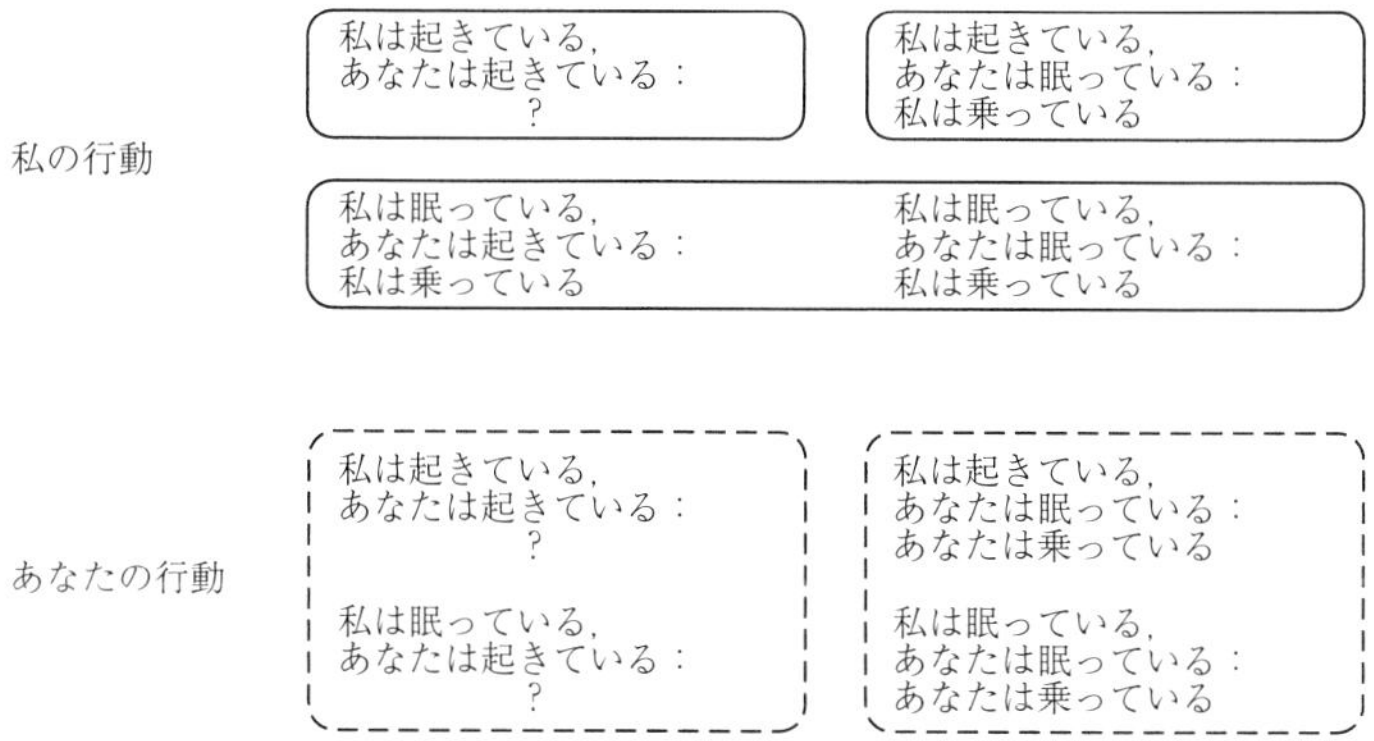

図30　あなたがこちらを見ていない場合の私たちの行動

ができない。あなたにわかっているのは、私が二分の一の確率で起きているか眠っているかだけである（私たちの仮定では、それぞれの状態の確率は等しい）。もしあなたがバスに乗ったままでいれば、私がどうするかにかかわらず、あなたは利得4を得る。あなたがバスから下車すれば、二分の一の確率で私は眠っており、あなたの利得は0になる。また二分の一の確率で私は起きていて、私が下車しあなたは利得6を得るか、私が乗車したままであなたの利得が0になるかである。つまり、下車することによってあなたは二分の一の確率で利得0を得、二分の一の確率で利得6を得る。この「くじ」は、利得3を得ることにほぼ等しい。これはあなたがバスに乗っていて得られる利得4よりも低いから、あなたはバスに乗ったままでいようと決める。言い換えれば、私が下車する確率がよくて二分の一だという知識は、あなたも一緒に下車しようと思わせるには不十分なのである。だから「私は起きている、あなたは起きている」状態と、「私は

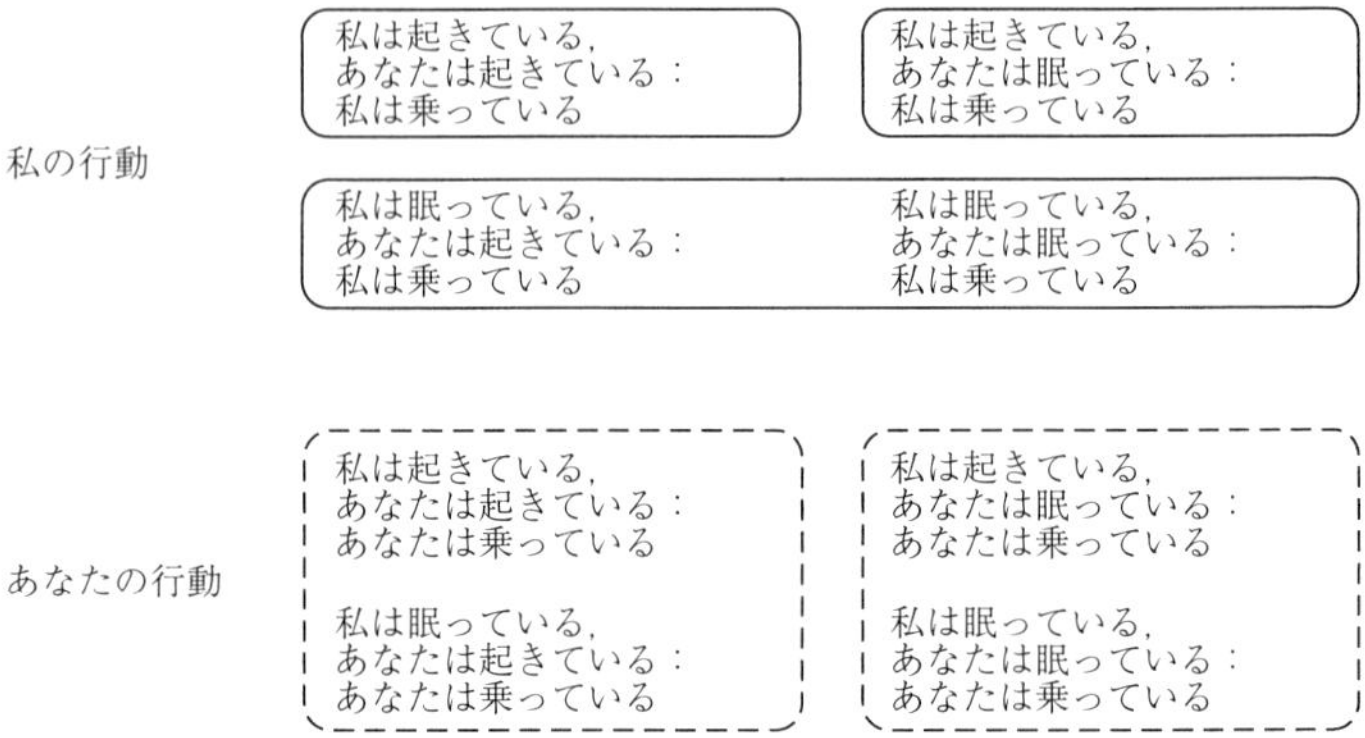

図31　あなたがこちらを見ていない場合の唯一の均衡解

眠っている、あなたは起きている」状態では、あなたは下車しない。そしてまた、「私は起きている、あなたは起きている」状態では、私もバスを降りない。したがって図31になる。

したがって、どの状態においても、協調してバスを降りることはない。あなたが私のほうを見ていない場合の、唯一の均衡解がこれである。「私は起きている、あなたは起きている」状態で、私たちが共に起きていて共に誘いの呼びかけを聞いても、あなたはバスから降りない。なぜなら、あなたには私が起きているかどうかわからないからである。したがって、あなたが起きていて呼びかけを聞いたということを私が知っていても、私はバスから降りない。「私は起きている、あなたは起きている」状態では、私たちは二人とも誘いの呼びかけを知っているが、それは共通知識ではない。

私たちが互いに相手を見ている時、私たちが二人とも起きている時だけ、呼びかけが共通知識となり、（均衡の失敗という状態もあるので）必ずしも保証されるわけではないが、少なくとも協調が可能になる。あなたが私を見ていない時には、私たちが共にメッセージを得たとしても、協調の成功はありえないのである。

二〇一三年版へのあとがき

私が一九八〇年代後半に、ゲーム理論の講義を履修した頃には、共通知識《コモン・ナレッジ》とは、理論的にきわめて困難な概念というか、「哲学的」な概念だった。だが、もはや今、人々はさまざまな現実社会において、共通知識の概念が応用可能であり、それが役立つことに気づいている。たとえば、オバー（Ober, 2008）は、なぜ古代アテネの民主主義が他のギリシアの都市国家よりも成功したのかを説明するために共通知識の概念を使っており、アテネ人は一万七〇〇〇人の観客上限数をもつディオニュソスの古代劇場を含む、中央向きの公的空間において、少なくとも最低一年間に一二〇回もの公的な儀式を行っていた。中央部に向かって席が下がりながら少なくなっていくギリシア型劇場はアテネ由来のものである。リッジウェイ（Ridgeway, 2011）は、共通知識をジェンダーの不平等の継続性を解明するために使っている。なぜなら、人々は自分自身のジェンダーについての考え方よりも他人のジェンダーについての信念を、社会的相互作用の構成を理解するために使っているからだ。ゴートン（Gorton, 2010）は、二〇〇七年の世界的金融危機は、部分的には二〇〇六年のＡＢＸインデックス、つまり、不動産担保債権に基づいた公に取引されるクレジット・デリバティブの導入によるものであると示唆している。これらの債権取引は公にされておらず、したがって、人々は個人的にはこのような債権の価値を疑いながらも、自分たちと同じような他者を信じていたことになる。ＡＢＸインデックスは、これらの債権の脆さを共通知識にしたのである。

私は『儀式をゲーム理論で考える』が、共通知識の概念を〝大衆的にする〟のに役立てば良いと思っている。自分自身についていえば、私は、共通知識が協調問題を解決するという議論から始めて、その後、現実社会における事例を検討してきた。言いかえれば、本書の最初の動機は、主として理論的なものだったのだ。私はいつも社会的な抗議運動に興味があったものの、私自身は、本書の企画を儀式や広告に関心があって始めたわけではない。高度に抽象的な理論構築を行ってもその適応可能性はたやすく疑えるが、理論は時には、理論がなすべきことをなし、幅広い現象に対して新しい視野をもたらしてくれる。

これらの論点に関しては、私は現実社会の共通知識の適応可能性と高次元の信念を探求したステファン・モリスとヒュン・ソン・シンの研究（たとえば、Morris and Shin 2002, 2012）も含まねばならない。ニコライ・フォス（Nicolai Foss, 2001）はリーダーシップの機能は協調問題を解くために必要な共通知識であると論じている。さらにさかのぼれば、モリス・フリーデル（Morris Freidell, 1969）の論文は、あまり知られてはいないが、共通知識をもっとも初期に技術的に扱ったものである。

最近では、共通知識が協調問題の解決に役立つという議論は、実験においても支持されだしている。

チャウドゥーリ、ショッターとソファー（Chaudhuri, Schotter, and Sopher, 2009）は、協調ゲームの被験者が、同じゲームをする他者にアドバイスをする場合、そのアドバイスが人前で大声で読み上げられ共通知識にされると、一層、効果的であることを明らかにした。ノヴとラファエリ（Nov and Rafaeli, 2009）は、被験者は、少なくとも八人以上の会議を電子メールで招集するよう頼まれると、ブラインドカーボンコピー（bcc）よりも同報（cc）をしたほうが、被験者は平均して八人よりも多くの人を招いてくることを見いだした。つまり、被験者は、同報（cc）は共通知識を生み出すこと、そして、それがより有利であると気づいていたのである。

　共通知識を創造する人々の能力については、世界は最近変化したのだろうか。インターネットや他のデジタル技術の発展は、共通知識の創造をより簡単にした。デジタルコミュニケーションは、アメリカのイラク侵攻に対して、二〇〇三年の二月一五日に一〇〇〇万人以上の人々を世界的に動員することに成功するのに必須であった。これはおそらく調整された政治的デモンストレーションとしては歴史的に最大のものであろう（Bennett, Breunig and Givens 2008 : Walgrave and Rucht, 2010）。二〇一〇年と二〇一一年のチュニジアとエジプトの民衆の蜂起の成功には、ソーシャルメディアのプラットフォームが不可欠であったことは繰り返し指摘されている（Howard, Duffy, Freelon, Hussain, Mari, and Mazaid 2011 : Shrky 2011も参照）。おそらく、ソーシャルメディアの技術は（たとえば、電子メールや静的なウェブページと比較すれば）、とりわけ、強い紐帯を通じてローカルな共通知識を作り上げることと、弱い紐帯を通じて情報を迅速に拡散させることの双方にきわめて優れているのである（Goldstone,

2001, p. 164 も参照）。

私は広範な読者のために『儀式をゲーム理論で考える』を書こうとし、広告に関わる経済理論（Bagwell, 2007）、汎アラブ主義へのサテライト音楽放送の効果（Frishkopf, 2012）、強迫性障害（Feygin, Swain, and Leckman, 2006）、投票率についての社会理論（Rolfe, 2012）、スマートモブズ（Rheingold, 2002）、法的コンプライアンスの焦点理論（McAdams and Nadler, 2005）、世界的金融危機についての社会学（Zuckerman, 2010）、暴力の歴史的減少（Pinker, 2011）、ハイパーリンクがつなぐメディア市場（Webster, 2008）、布教集団としての宗教的組織（Gill and Pfaff, 2010）、中国の田舎において公的物品の配給のためにいかに地域団体が政府役員を獲得するか（Tsai, 2011）、大学における予備役将校訓練課程の役割（Downs and Murtazashvili, 2012）、グローバルコミュニティにおいて義務の共有概念を作り出すための文学の役割（Palumbo-Liu, 2005）、アメリカ人の宗教団体が何をしているのか（Chaves, 2004）、信念の形成に対する社会的影響（Rydgren, 2009）、全体主義的コミュニケーション（Postoutenko, 2010）、初期のキリスト教とユダヤ主義に関する認知的視野（Luomanen, Pyysiäinen and Uro, 2007）、中国におけるより自由なマスメディアが持つ政治的効果（Shirk, 2011）、経済成長に対する文化の役割（Rao and Walton, 2004）、アイルランドとイタリアにおける賃金交渉にいかに共通知識が影響を与えたか（Culpepper, 2008）、インドのタンク灌漑システムの供給についての人類学的考察（Mosse, 2006）、フィラデルフィアの投票日の歴史（Brewin, 2008）、新約聖書における儀式（DeMaris, 2008）、そして社会的ソフトウェア（Parikh, 2002）を含む多様なトピックの書物や論文に、この本が何度も引用され、おそらく役立つと思われたであろうことを感謝している。

トーマス・シェリングの『紛争の戦略』は最初に一九六〇年に出版された。それが一九八〇年に再版された時、彼は彼自身の元々の意図を説明した。「私は経済学、社会学、そして法律や哲学、おそらく人類学までもをまたぐような、いくつかの初歩的な理論が、厳密な理論家のみならず、現実的な問題に関わる人々にも役立つであろうことを示したかったのだ。私はさらにゲーム理論はこれらのいくつかの分野の応用に再度向かうだろうと望んだ。……今やそれは私の誤解だったと思う（のだが、ほとんどの）ゲーム理論家はそのかわりに、数学的な最先端に留まろうとする傾向がある」（p. vi）。

私はシェリングの望みが誤解されないように願っている。ゲーム理論の数学的発展を私は喜ぶものだが、疑いなくそれはこのペースで続くだろう。しかし、私はゲーム理論の未来には、それとともに、初歩的だが強力な議論そして広範にそれらを応用するという発展をも望んでいる。拙著（Chwe, 2013）でも、ジェーン・オースティンのゲーム理論的な洞察に及ぶものはないと論じた。ゲーム理論はすでに実質的な成功を収めたが、私はより広い適応可能性と、より多くの人へ近づきやすくなるように願っている。

新版への訳者あとがき

本書は Michael Suk-Young Chwe, *Rational Ritual: Culture, Coordination, and Common Knowledge* (Princeton University Press, 2013) の全訳である。原著はマイケル・チェ氏により米国で二〇〇一年に出版されており、二〇一三年版には著者による「二〇一三年版へのあとがき」が加えられているが、その他の原文に変わりはない。原著の邦訳は二〇〇一年に新曜社から『儀式は何の役に立つか――ゲーム理論のレッスン』として出版されたが、ほぼ二〇年近くを経てこのたび装丁も訳文も新たに、みすず書房から新訳本として出版していただくことになった。

情報を共有することと、人々が知識を共有していると互いに理解していることはまったく本質が異なる。そして、文化のありかたや協調行動の解決可能性は、知識共有と、知識を共有している他者についての相互の認識に依存する。

これが本書における、魅力的かつ重要な二つの指摘である。

「人々がある事実を知っている」だけでは、協調行動や集合行動の発生には、不十分であり、「「人々がその事実を知っている」ことを、皆が知っている」、つまり他者の知識についての認識が重要なのだ。情報が人々に個別に伝わっていたとしても、情報をみなが共有しているという事実を人々が知らない状況と、知っている状況では、その後の行為の選択に大きな違いが生じうる。協調行動は、何らかの知識を、観察や体験や伝聞によって他者も共有しているという状態がなければ、生まれにくい。

簡単には逮捕されないほど大人数が集まっているならば、政治的デモに参加してみたいと思う人がいる。みなが知っている有名な銘柄だからという理由で、パーティで出すビールを決める。人前で目に触れる口紅にはお金をかけるが、一人で自宅で使う洗顔料にはお金はかけたくない。視聴率の高いテレビ番組や前評判の高い映画は、他の人も見ているからという理由で自分も見る。

このような具体的な例から、お互いに相手が何を知っているかについての知識をもっているかどうかという要因が、個々人の意思決定に影響を及ぼすというゲーム理論の洞察を、社会的現象や文化的現象に応用し、きわめて多彩な例とともに説得的に展開していくのが本書の読みどころである。儀式における意図的な反復表現の重要性をチェ氏は説くが、本書でも随所で反復表現がなされ、文章に切れと強みを与えている。

チェ氏は、この理論を文化的・社会的事象にもあてはめる。戦争反対集会への参加も、人気映画を見ることも、フランス革命時の度量衡の改正も、スーパーボウル放映時の天文学的な広告費用をも説明していく。自らの理論を実証するために、挙げる例は多彩である。ミシェル・フーコーの議論を発展させ一望監視施設《パノプティコン》の礼拝機能と強みを語り、映画『波止場』の場面や、野球場の上を飛ぶＨＩＶ検査の漫画広告を示し、ウィンドウズ95発売当時にマイクロソフト社が全世界的にくりひろげた大宣伝を活写し、円形劇場への人々の執着と目線の問題を語りながら、人々が互いに共通知識をもつことと、それを認識していることの重要性を述べる。

人は他者がどうふるまうかだけではなく、他者のふるまいをその他の人々も知っているかによって自分の行動を決定する。チェ氏の議論においては、相手の知識とそれについての知識の有無という階層構造ができる。メタ知識の議論が巧みに事例とともに展開していくため注意深く読んでいないと、無限ループにおちいったような困惑感とともに知的な混乱に読者は巻き込まれる。

ふりかえると原著出版当時に、このような議論がなされていたことに、あらためて驚愕する。ゲーム理論が学問を超えて共通言語化したという昨今の主張に、私は与するものではない。確かに経済学においては有用な分析道具ではあるが、少なくともチェ氏のように文化や広範な社会現象にゲーム理論を応用し、これほど手練れの技を見せる論客は稀少であり、やはりチェ氏は社会学的論考にも優れた政治学者であると私は考える。

我々は、フェイスブックやインスタグラムなどのＳＮＳを通じて、自分の知人や友人が何を知っており、何をしているのか、さらに、その知識や行為を、自分以外の他人も知っている、あるいは知りうるという状態を、日常的に体験している。ＳＮＳ上では共通知識が生成され、それによって、政治的な活動や、それまで分断され孤立しがちであったマイノリティの人々の意見や姿が可視化され、人々が協調行動をとりやすくなっている。もちろんそれは分断をも招く。社会的な細分化も起こしうる一方で、協調行動の大きなうねりも作り出せる。原著を、元フェイスブック（現メタ・プラットフォームズ社）創始者のマイケル・ザッカーバーグが自らのブログにおいて「二〇一三年に読むべき二〇冊の本」のうちの一冊として紹介した所以である。

日常生活における人々の物理的距離と関わりかたが問われる現在、知識の伝達と共有、ひいてはさらなる共通知識の生成と、この現実社会における協調問題の解決可能性の追求は、我々の責務なのである。

本書新版の刊行にあたり、新曜社の塩浦暲様はじめ皆様にご快諾いただいたことに御礼もうしあげます。みすず書房の山禄和浩様には本当にお世話になりました。感謝いたしております。

本書を最愛の娘美夕と今は亡き父、安田二郎に捧げます。

二〇二二年一月

訳　者

図表一覧

Oxford: Oxford University Press.

Rolfe, Meredith. 2012. *Voter Turnout: A Social Theory of Political Participation*. Cambridge: Cambridge University Press.

Rydgren, Jens. 2009. "Beliefs." In *The Oxford Handbook of Analytical Sociology*, edited by Peter Hedström and Peter Bearman. Oxford: Oxford University Press.

Schelling, Thomas C. 1960 [1980]. *The Strategy of Conflict*. Second edition. Cambridge, Massachusetts: Harvard University Press.（トーマス・シェリング，河野勝監訳．2008『紛争の戦略――ゲーム理論のエッセンス』勁草書房.）

Shirk, Susan L., ed. 2011. *Changing Media, Changing China*. Oxford: Oxford University Press.

Shirky, Clay. 2011. "The Political Power of Social Media: Technology, the Public Sphere, and Political Change." *Foreign Affairs* 90(1): 28–41.

Tsai, Lily. 2011. "Holding Government Accountable through Informal Institutions: Solidary Groups and Public Goods Provision in Rural China." In *Accountability Through Public Opinion: From Inertia to Public Action*, edited by Sina Odugbemi and Taeku Lee. Washington, D.C.: The World Bank.

Walgrave, Stefaan, and Dieter Rucht, eds. 2010. *The World Says No to War: Demonstrations against the War on Iraq*. Minneapolis: University of Minnesota Press.

Webster, James G. 2008. "Structuring a Marketplace of Attention." In *The Hyperlinked Society: Questioning Connections in the Digital Age*, edited by Joseph Turow and Lokman Tsui. Ann Arbor: University of Michigan Press.

Zuckerman, Ezra W. 2010. "What If We Had Been in Charge? The Sociologist as Builder of Rational Institutions." In *Markets on Trial: The Economic Sociology of the U.S. Financial Crisis: Part B*, edited by Michael Lounsbury and Paul M. Hirsch. Bingley, West Yorkshire: Emerald Group Publishing.

Religious Organizations as Advocacy Groups." In *Advocacy Organizations and Collective Action*, edited by Aseem Prakash and Mary Kay Gugerty. Cambridge: Cambridge University Press.

Goldstone, Jack A. 2001. "Toward a Fourth Generation of Revolutionary Theory." *Annual Review of Political Science* 4: 139–187.

Gorton, Gary B. 2010. *Slapped by the Invisible Hand: The Panic of 2007*. Oxford: Oxford University Press.

Howard, Philip N., Aiden Duffy, Deen Freelon, Muzammil Hussain, Will Mari, and Marwa Mazaid. 2011. "Opening Closed Regimes: What Was the Role of Social Media During the Arab Spring?" Working paper, Project on Information Technology and Political Islam.

Luomanen, Petri, Ilkka Pyysiäinen, and Risto Uro, eds. 2007. *Explaining Christian Origins and Early Judaism: Contributions from Cognitive and Social Science*. Leiden: Brill.

McAdams, Richard H., and Janice Nadler. 2005. "Testing the Focal Point Theory of Legal Compliance: The Effect of Third-Party Expression in an Experimental Hawk/Dove Game." *Journal of Empirical Legal Studies* 2: 87–123.

Morris, Stephen, and Hyun Song Shin. 2002. "Social Value of Public Information." *American Economic Review* 92: 1521–1534.

Morris, Stephen, and Hyun Song Shin. 2012. "Contagious Adverse Selection." *American Economic Journal: Macroeconomics* 4: 1–21.

Mosse, David. 2006. "Collective Action, Common Property, and Social Capital in South India: An Anthropological Commentary." *Economic Development and Cultural Change* 54: 695–724.

Nov, Oded, and Sheizaf Rafaeli. 2009. "Measuring the Premium on Common Knowledge in Computer-Mediated Coordination Problems." *Computers in Human Behavior* 25: 171–174.

Ober, Josiah. 2008. *Democracy and Knowledge: Innovation and Learning in Classical Athens*. Princeton: Princeton University Press.

Palumbo-Liu, David. 2005. "Rational and Irrational Choices: Form, Affect, and Ethics." In *Minor Transnationalism*, edited by Françoise Lionnet and Shu-Mei Shih. Durham, North Carolina: Duke University Press.

Parikh, Rohit. 2002. "Social Software." *Synthese* 132: 187–211.

Pinker, Steven. 2011. *The Better Angels of Our Nature: Why Violence Has Declined*. New York: Viking.（スティーブン・ピンカー，幾島幸子／塩原通緒訳．2015『暴力の人類史』上・下，青土社．）

Postoutenko, Kirill, ed. 2010. *Totalitarian Communication: Hierarchies, Codes and Messages*. Bielefeld: transcript Verlag.

Rao, Vijayendra, and Michael Walton, eds. 2004. *Culture and Public Action*. Stanford: Stanford University Press.

Rheingold, Howard. 2002. *Smart Mobs: The Next Social Revolution*. New York: Perseus Publishing.（ハワード・ラインゴールド，公文俊平／会津泉監訳．2003『スマートモブズ――〈群がる〉モバイル族の挑戦』NTT 出版．）

Ridgeway, Cecilia L. 2011. *Framed by Gender: How Gender Inequality Persists in the Modern World*.

Wright, Richard. 1945 [1993]. *Black Boy*, New York: Harper Perennial.（リチャード・ライト，野崎孝訳．1962『ブラック・ボーイ――ある幼少期の記録』上・下，岩波書店．）

Wyatt, Justin. 1994. *High Concept: Movies and Marketing in Hollywood*. Austin: University of Texas Press.

Young, Peyton. 1996. "The Economics of Convention." *Journal of Economic Perspectives* 10: 105–122.

——. 1998. *Individual Strategy and Social Structure: An Evolutionary Theory of Institutions*. Princeton: Princeton University Press.

Zoglin, Richard. 1993. "When the Revolution Comes, What Will Happen To…" *Time*, April 12, p. 56.

新版追加文献

Bagwell, Kyle. 2007. "The Economic Analysis of Advertising." In *Handbook of Industrial Organization*, volume 3, edited by Mark Armstrong and Robert Porter. Amsterdam: Elsevier.

Bennett, W. Lance, Christian Breunig, and Terri Givens. 2008. "Communication and Political Mobilization: Digital Media and the Organization of Anti-Iraq War Demonstrations in the U.S." *Political Communication* 25: 1–41.

Brewin, Mark W. 2008. *Celebrating Democracy: The Mass-Mediated Ritual of Election Day*. New York: Peter Lang.

Chaudhuri, Ananish, Andrew Schotter, and Barry Sopher. 2009. "Talking Ourselves to Efficiency: Coordination in Inter-generational Minimum Effort Games with Private, Almost Common and Common Knowledge of Advice." *Economic Journal* 119: 9–122.

Chaves, Mark. 2004. *Congregations in America*. Cambridge: Harvard University Press.

Chwe, Michael Suk-Young. 2013. *Jane Austen, Game Theorist*. Princeton: Princeton University Press.（マイケル・S-Y. チェ，川越敏司訳．2017『ジェイン・オースティンに学ぶゲーム理論――恋愛と結婚をめぐる戦略的思考』NTT 出版．）

Culpepper, Pepper D. 2008. "The Politics of Common Knowledge: Ideas and Institutional Change in Wage Bargaining." *International Organization* 62: 1–33.

DeMaris, Richard E. 2008. *The New Testament in its Ritual World*. London: Routledge.

Downs, Donald Alexander, and Ilia Murtazashvili. 2012. *Arms and the University: Military Presence and the Civic Education of Nonmilitary Students*. Cambridge: Cambridge University Press.

Feygin, Diana L., James E. Swain, and James F. Leckman. 2006. "The Normalcy of Neurosis: Evolutionary Origins of Obsessive-Compulsive Disorder and Related Behaviors." *Progress in Neuro-Psychopharmacology and Biological Psychiatry* 30: 854–864.

Foss, Nicolai J. 2001. "Leadership, Beliefs and Coordination." *Industrial and Corporate Change* 10: 357–388.

Freidell, Morris F. 1969. "On the Structure of Shared Awareness." *Behavioral Science* 14: 28–39.

Frishkopf, Michael, ed. 2010. *Music and Media in the Arab World*. Cairo: American University in Cairo Press.

Gill, Anthony J., and Steven J. Pfaff. 2010. "Acting in Good Faith: An Economic Approach to ed., March 8, p. 33.

Tichi, Cecelia. 1991. *Electronic Hearth: Creating an American Television Culture*. New York: Oxford University Press.

Trow, George W. S. 1997. *Within the Context of No Context*. New York: Atlantic Monthly Press.

Turner, Ralph H., and Lewis M. Killian. 1987. *Collective Behavior*. 3d ed. Englewood Cliffs, N. J.: Prentice-Hall.

Turner, Victor. 1968. *The Drums of Affliction: A Study of Religious Processes among the Ndembu of Zambia*. Oxford: Clarendon Press.

——. 1969. *The Ritual Process: Structure and Anti-Structure*. Ithaca, N. Y.: Cornell University Press.（ヴィクター・W. ターナー，冨倉光雄訳．1976『儀礼の過程』思索社．）

Turow, Joseph. 1997. *Breaking Up America: Advertisers and the New Media World*. Chicago: University of Chicago Press.

Twitchell, James B. 1996. *Adcult USA: The Triumph of Advertising in American Culture*. New York: Columbia University Press.

Uspensky, B. A. 1975. "'Left' and 'Right' in Icon Painting." *Semiotica* 13: 33–39.

Valente, Thomas W. 1995. *Network Models of the Diffusion of Innovations*. Creskill, N. J.: Hampton Press.

Verba, Sidney. 1965. "The Kennedy Assassination and the Nature of Political Commitment." In *The Kennedy Assassination and the American Public: Social Communication in Crisis*, edited by Bradley S. Greenberg and Edwin B. Parker, pp. 348–360. Stanford: Stanford University Press.

Vinikas, Vincent. 1992. *Soft Soap, Hard Sell: American Hygiene in an Age of Advertisement*. Ames: Iowa State University Press.

Waldmeir, Patti. 1997. *Anatomy of a Miracle: The End of Apartheid and the Birth of the New South Africa*. New York: Norton.

Walters, Ronald G. 1980. "Signs of the Times: Clifford Geertz and Historians." *Social Research* 47: 537–556.

Webster, James G., and Lawrence W. Lichty. 1991. *Ratings Analysis: Theory and Practice*. Hillsdale, N. J.: Lawrence Erlbaum Associates.

Webster, James G., and Patricia F. Phalen. 1997. *The Mass Audience: Rediscovering the Dominant Model*. Mahwah, N. J.: Lawrence Erlbaum Associates.

Weinberger, David. 1995. "The Daily Me? No, the Daily Us." *Wired* 3, no.4 (April): 108.

Weingast, Barry R. 1997. "The Political Foundations of Democracy and the Rule of Law." *American Political Science Review* 91: 245–263.

Wirth, Michael O., and Harry Bloch. 1985. "The Broadcasters: The Future Role of Local Stations and the Three Networks." In *Video Media Competition: Regulation, Economics, and Technology*, edited by Eli M. Noam, pp. 121–137. New York: Columbia University Press.

Wolcott, James. 1996. "Reborn on the Fourth of July." *New Yorker*, July 15, p. 80–81.

Wolf, Naomi. 1991. *The Beauty Myth: How Images of Beauty Are Used against Women*, New York: Anchor Books.（ナオミ・ウルフ，曽田和子訳．1994『美の陰謀——女たちの見えない敵』TBS ブリタニカ．）

Semple, Janet. 1993. *Bentham's Prison: A Study of the Panopticon Penitentiary*. Oxford: Oxford University Press.

Sen, Amartya K. 1967. "Isolation, Assurance, and the Social Rate of Discount." *Quarterly Journal of Economics* 81: 112–124.

Sewell, William H., Jr. 1985. "Ideologies and Social Revolutions: Reflections on the French Case." *Journal of Modern History* 57: 57–85.

——. 1993. "Toward a Post-Materialist Rhetoric for Labor History." In *Rethinking Labor History*, edited by Lenard R. Berlanstein, pp. 15–38. Urbana: University of Illinois Press.

Shamir, Jacob. 1993. "Pluralistic Ignorance Revisited: Perception of Opinion Distributions in Israel." *International Journal of Public Opinion Research* 5: 22–39.

Shin, Hyun Song. 1996. "Comparing the Robustness of Trading Systems to Higher-Order Uncertainty." *Review of Economic Studies* 63: 39–59.

Signorile, Michelangelo. 1993. *Queer in America: Sex, the Media, and the Closets of Power*. New York: Random House.（ミケランジェロ・シニョリレ，川崎浩利訳．1997『クイア・イン・アメリカ——メディア、権力、ゲイ・パワー』パンドラ，現代書館．）

——. 1995. *Outing Yourself: How to Come Out as Lesbian or Gay to Your Family, Friends, and Coworkers*. New York: Random House.

Simpson, Glenn R. 1996. "Dole Campaign Has Paid over $1 Million to Firm That Uses Telemarketing to Criticize Opponents." *Wall Street Journal*, March 12, p. A20.

Sivulka, Juliann. 1998. *Soap, Sex, and Cigarettes: A Cultural History of American Advertising*. Belmont, Calif.: Wadsworth.

Sluka, Jeffrey A. 1992. "The Politics of Painting: Political Murals in Northern Ireland." In *The Paths to Domination, Resistance, and Terror*, edited by Carolyn Nordstrom and JoAnn Martin, pp. 18–36. Berkeley: University of California Press.

Sperber, Dan, and Deirdre Wilson. 1986. *Relevance: Communication and Cognition*. Oxford: Basil Blackwell.（D. スペルベル／D. ウイルソン，内田聖二ほか訳．1993『関連性理論——伝達と認知』研究社．）

Staal, Frits. 1989. *Rules without Meaning: Ritual, Mantras and the Human Sciences*. New York: Peter Lang.

Stellin, Susan. 2000. "Increasingly, E-Mail Users Find They Have Something to Hide." *New York Times*, February 10, p. G8.

Stewart, David W. 1992. "Speculations on the Future of Advertising Research." *Journal of Advertising* 21: 1–18.

Stewart, Ian. 1998. "Mathematical Recreations." *Scientific American* 279, no.2 (August): 96–97.

"Super TV Ad Jumps into Homes." 1995. *St. Louis Post-Dispatch*, February 1, p. 8C.

Swedberg, Richard. 1990. *Economics and Sociology: Redefining their Boundaries: Conversations with Economists and Sociologists*. Princeton: Princeton University Press.

Tambiah, Stanley Jeyaraja. 1985. "A Performative Approach to Ritual." In *Culture, Thought, and Social Action: An Anthropological Perspective*, pp. 123–166. Cambridge, Mass.: Harvard University Press.

Taylor, Catharine P. 1999. "Netscape's Netcenter and Qwest Communications." *Adweek, eastern*

Povinelli, Daniel J., and Daniela K. O'Neill. 2000. "Do Chimpanzees Use Their Gestures to Instruct Each Other?" In *Understanding Other Minds: Perspectives from Developmental Cognitive Neuroscience*, edited by Simon Baron-Cohen, Helen Tager-Flusberg, and Donald J. Cohen, pp. 459–487. Oxford: Oxford University Press.（サイモン・バロン・コーエンほか編著，田原俊司監訳．1997『心の理論——自閉症の視点から』上・下，八千代出版.）

Raboteau, Albert. 1978. *Slave Religion: The "Invisible Institution" of the Antebellum South*. New York: Oxford University Press.

Rapoport, Anatol, and W. J. Horvath. 1961. "A Study of a Large Sociogram." *Behavioral Science* 6: 279–291.

Rattray, R. S. 1923. *Ashanti*. Oxford: Clarendon Press.

Real, Michael R. 1982. "The Super Bowl: Mythic Spectacle." In *Television: The Critical View*, edited by Horace Newcomb, pp. 206–239. Third edition. New York: Oxford University Press.

Reichenbach, Harry. 1931. *Phantom Fame*. New York: Simon and Schuster.

Rendon, Jim. 1998. "Inside the New High-Tech Lock-Downs." *Salon*, September 8. Available at www. salon. com.

Ringle, Ken. 1993. "Debunking the'Day of Dread'for Women: Data Lacking for Claim of Domestic Violence Surge after Super Bowl." *Washington Post*, January 31, p. A1.

Rothenberg, Randall. 1998. "Bye-Bye." *Wired* 6, no.1 (January): 72–76.

Rousseau, Jean-Jacques. [1755] 1984. *A Discourse on Inequality*. Translated by Maurice Cranston. Harmondsworth: Penguin Books.（ルソー，小林善彦訳．1974『人間不平等起源論』中央公論社.）

Rubinstein, Ariel. 1989. "The Electronic Mail Game: Strategic Behavior under'Almost Common Knowledge.'" *American Economic Review* 79: 385–391.

Rutherford, Paul. 1994. *The New Icons? The Art of Television Advertising*. Toronto: University of Toronto Press.

Samuelson, Larry. 1998. *Evolutionary Games and Equilibrium Selection*. Cambridge, Mass.: MIT Press.

Sandburg, Carl. 1936. *The People, Yes*. New York: Harcourt, Brace.

Schelling, Thomas C. 1960 [1980]. *The Strategy of Conflict*. 2d ed. Cambridge, Mass.: Harvard University Press.（トーマス・シェリング，河野勝監訳．2008『紛争の戦略——ゲーム理論のエッセンス』勁草書房.）

Schiffer, Stephen R. 1972. *Meaning*. Oxford: Clarendon Press.

Schor, Juliet B. 1998. *The Overspent American: Upscaling, Downshifting, and the New Consumer*. New York: Basic Books.（ジュリエット・B. ショア，森岡孝二監訳．2000『浪費するアメリカ人——なぜ要らないものまで欲しがるか』岩波書店.）

Schudson, Michael. 1995. *The Power of News*. Cambridge, Mass.: Harvard University Press.

Schuessler, Alexander A. 2000. *A Logic of Expressive Choice*. Princeton: Princeton University Press.

Schwartz, Tony. 1973. *The Responsive Chord*. New York: Anchor Press.

Scott, James C. 1990. *Domination and the Arts of Resistance: Hidden Transcripts*. New Haven: Yale University Press.

Game Theory 28: 385–408.

Morris, Stephen, Rafael Rob, and Hyun Song Shin. 1995. "p-Dominance and Belief Potential." *Econometrica* 63: 145–157.

Morris, Stephen, and Hyun Song Shin. 1999. "Private versus Public Information in Coordination Problems." Working paper, Yale University and Oxford University.

Mullen, Brian, and Li-tze Hu. 1988. "Social Projection as a Function of Cognitive Mechanisms: Two Meta-Analytic Integrations." *British Journal of Social Psychology* 27: 333–356.

Mutz, Diana. 1998. *Impersonal Influence: How Perceptions of Mass Collectivities Affect Political Attitudes*. Cambridge University Press.

Nelson, Phillip. 1974. "Advertising as Information." *Journal of Political Economy* 82: 729–754.

O'Gorman, Hubert J. 1979. "White and Black Perceptions of Racial Values." *Public Opinion Quarterly* 43: 48–59.

——. 1986. "The Discovery of Pluralistic Ignorance: An Ironic Lesson." *Journal of the History of the Behavioral Sciences* 22: 333–347.

Okely, Judith. 1986. *Simone de Beauvoir*. New York: Pantheon.

Olson, Mancur. 1971. *The Logic of Collective Action: Public Goods and the Theory of Groups*. Cambridge, Mass.: Harvard University Press.（マンサー・オルソン，依田博／森脇俊雅訳. 1983，新装版 1996『集合行為論――公共財と集団理論』ミネルヴァ書房.）

O'Neill, Barry. 2000. *Honor, Symbols, and War*. Ann Arbor: University of Michigan Press.

Opp, Karl-Dieter, and Christiane Gern. 1993. "Dissident Groups, Personal Networks, and Spontaneous Cooperation: The East German Revolution of 1989." *American Sociological Review* 58: 659–680.

Ottina, Theresa J. 1995. *Advertising Revenues per Television Household: A Market by Market Analysis*. Washington, D. C.: National Association of Broadcasters.

Ozouf, Mona. 1976 [1988]. *Festivals and the French Revolution*. Cambridge, Mass.: Harvard University Press. Translated by Alan Sheridan. Originally published as *La fête revolutionnaire, 1789–1799* (Paris: Gallimard, 1976).（モナ・オズーフ，立川孝一訳. 1988『革命祭典――フランス革命における祭りと祭典行列』岩波書店.）

Pastine, Ivan, and Tuvana Pastine. 1999a. "Consumption Externalities, Coordination, and Advertising." Working paper, Bilkent University, Ankara, Turkey.

——. 1999b. "Coordination in Markets with Consumption Externalities: The Role of Advertising and Product Quality." Working paper, Bilkent University, Ankara, Turkey.

Perner, Josef, and Heinz Wimmer. 1985. "'John Thinks That Mary Thinks That…' Attribution of Second-Order Beliefs by 5- to 10-Year-Old Children." *Journal of Experimental Child Psychology* 39: 437–471.

Polanyi, Michael. 1958. *Personal Knowledge: Towards a Post-Critical Philosophy*. London: Routledge and Kegan Paul.（マイケル・ポラニー，長尾史郎訳. 1985『個人的知識――脱批判哲学をめざして』ハーベスト社.）

Poltrack, David. 1983. *Television Marketing: Network, Local, and Cable*. New York: McGraw-Hill.

Postema, Gerald J. 1982. "Coordination and Convention at the Foundations of Law." *Journal of Legal Studies* 11: 165–203.

ture, and Structure. New York: Cambridge University Press.

Lipe, William D., and Michelle Hegmon, eds. 1989. *The Architecture of Social Integration in Prehistoric Pueblos*. Cortez, Colo.: Crow Canyon Archaeological Center.

Lipsyte, Robert. 1993. "Super Bowl XXVII: Violence Translates at Home." *New York Times*, January 31, sec. 8, p. 5.

Lohmann, Susanne. 1994. "The Dynamics of Informational Cascades: The Monday Demonstrations in Leipzig, East Germany, 1989–91." *World Politics* 47: 42–101.

The Long Walk of Nelson Mandela. 1999. Television episode of *Frontline*, airing May 25, 1999. Produced by David Fanning and Indra deLanerolle. Directed by Clifford Bestall.（ネルソン・マンデラ，東江一紀訳．1996『自由への長い道』上・下，NHK 出版．）

Luhmann, Niklas. 1985. *A Sociological Theory of Law*. Translated by Elizabeth King and Martin Albrow. London: Routledge and Kegan Paul.（N. ルーマン，土方透訳．2000『法の社会学的観察』ミネルヴァ書房．）

Macy, Michael W. 1991. "Chains of Cooperation: Threshold Effects in Collective Action." *American Sociological Review* 56: 730–747.

Marchand, Roland. 1985. *Advertising the American Dream: Making Way for Modernity, 1920–1940*. Berkeley: University of California Press.

Marwell, Gerald, and Pamela Oliver. 1993. *The Critical Mass in Collective Action*. Cambridge: Cambridge University Press.

McAdam, Doug. 1986. "Recruitment to High-Risk Activism: The Case of Freedom Summer." *American Journal of Sociology* 92: 64–90.

McAdam, Doug, and Ronnelle Paulsen. 1993. "Specifying the Relationship between Social Ties and Activism." *American Journal of Sociology* 99: 640–667.

McCrone, John. 1994. "Don't Forget Your Memory Aide." *New Scientist*, February 5, p. 32–36.

McGraw, Dan. 1999. "Web Mania Hits Super Sunday." *USA Today*, February 8, p. 40.

McNaught, Brian. 1993. *Gay Issues in the Workplace*. New York: St. Martin's Press.

Milgram, Stanley. 1992. *The Individual in a Social World: Essays and Experiments*. Edited by John Sabini and Maury Silver. 2d ed. New York: McGraw-Hill.

Milgrom, Paul. 1981. "An Axiomatic Characterization of Common Knowledge." *Econometrica* 49: 219–222.

Milgrom, Paul, and John Roberts. 1986. "Price and Advertising Signals of Product Quality." *Journal of Political Economy* 94: 796–821.

Monderer, Dov, and Dov Samet. 1989. "Approximating Common Knowledge with Common Beliefs." *Games and Economic Behavior* 1: 170–190.

Montgomery, James D. 1991. "Social Networks and Labor-Market Outcomes: Toward an Economic Analysis." *American Economic Review* 81: 1408–1418.

Moore, Will H. 1995. "Rational Rebels: Overcoming the Free-Rider Problem." *Political Research Quarterly* 48: 417–454.

Morgan, Robin, ed. 1970. *Sisterhood Is Powerful: An Anthology of Writings from the Women's Liberation Movement*. New York: Vintage.

Morris, Stephen. 1999. "Approximate Common Knowledge Revisited." *International Journal of*

Johnson, Norris. 1987. "Panic at 'The Who Concert Stampede': An Empirical Assessment." *Social Problems* 34: 362–373.

Julius, N. H. 1831. *Leçons sur les prisons*. Translated by H. Lagarmitte. Paris: F. G. Levrault.

Kahn, Joseph P. 1989. "Super Bowl III-D." *Boston Globe*, January 20, p. 27.

Katz, Michael L., and Carl Shapiro. 1994. "Systems Competition and Network Effects." *Journal of Economic Perspectives* 8: 93–115.

Keesing, Roger M. 1987. "Anthropology as an Interpretive Quest." *Current Anthropology* 28: 161–176.

Keller, Kevin Lane. 1993. "Conceptualizing, Measuring, and Managing Customer-Based Brand Equity." *Journal of Marketing* 57: 1–22.

Kelly, Kevin. 1997. "New Rules for the New Economy." *Wired* 5, no.9 (September): 140–197.

Kihlstrom, Richard E., and Michael H. Riordan. 1984. "Advertising as a Signal." *Journal of Political Economy* 92: 427–450.

Kochen, Manfred. 1989. *The Small World*. Norwood, N. J.: Ablex.

Kreps, David M. 1990. "Corporate Culture and Economic Theory." In *Perspectives on Positive Political Economy*, edited by James E. Alt and Kenneth A. Shepsle, pp. 90–143. New York: Cambridge University Press.

Kuran, Timur. 1991. "Now Out of Never: The Element of Surprise in the East European Revolution of 1989." *World Politics* 44: 7–48.

——. 1995. *Private Truths, Public Lies: The Social Consequences of Preference Falsification*. Cambridge, Mass.: Harvard University Press.

Laitin, David D. 1986. *Hegemony and Culture: Politics and Religious Change among the Yoruba*. Chicago: University of Chicago Press.

——. 1994. "The Tower of Babel as a Coordination Game: Political Linguistics in Ghana." *American Political Science Review* 88: 622–634.

Lambert, Gerard B. 1956. *All Out of Step: A Personal Chronicle*. New York: Doubleday.

Lane, Randall. 1993. "Prepackaged Celebrity." *Forbes*, December 20, p. 86.

Lee, Namhee. 2000. "Minjung, History, and Subjectivity: The South Korean Student Movement and the Making of Minjung, 1960–1987." Ph. D. dissertation, University of Chicago.

Lekson, Stephen H. 1984. *Great Pueblo Architecture of Chaco Canyon, New Mexico*. Albuquerque, N. M.: National Park Service.

Lennen, Philip W. 1926. "In Memoriam: An Appreciation of Milton Feasley — A Real Advertising Man." *Printers' Ink* 137, no.2 (October 14): 25–28.

Lev, Michael. 1991. "Super Bowl 25: The Football Hoopla Yields to Hype." *New York Times*, January 6, sec. 3, p. 5.

Lévi-Strauss, Claude. 1963. *Structural Anthropology*. Translated by Claire Jacobson and Brooke Grundfest Schoepf. New York: Basic Books.（クロード・レヴィ＝ストロース，荒川幾男ほか訳．1972『構造人類学』みすず書房．）

Lewis, David K. 1969. *Convention: A Philosophical Study*. Cambridge, Mass.: Harvard University Press.

Lichbach, Mark Irving, and Alan S. Zuckerman, eds. 1997. *Comparative Politics: Rationality, Cul-*

1380.

——. 1995. *Getting a Job: A Study of Contacts and Careers*. 2d ed. Chicago: University of Chicago Press.（M. グラノヴェター，渡辺深訳．1998『転職——ネットワークとキャリアの研究』ミネルヴァ書房．）

Griffiths, Paul. 1995. “Gambling for Life: The Met Unveils a New production of Tchaikovsky’s ‘Queen of Spades.’” *New Yorker*, November 20, pp. 121–123.

Habermas, Jürgen. 1977 [1986]. “Hannah Arendt’s Communications Concept of Power.” In *Power*, edited by Steven Lukes, pp. 75–93. New York: New York University Press. Originally published in *Social Research* 44 (1977): 3–24.

——. 1989. *The Theory of Communicative Action*. Vol.1. Boston: Beacon Press.（ユルゲン・ハーバーマス，河上倫逸ほか訳．1985–1987『コミュニケイション的行為の理論』上・中・下，未來社．）

Hardin, Russell. 1995. *One for All: The Logic of Group Conflict*. Princeton: Princeton University Press.

Harsanyi, John C., and Reinhard Selten. 1988. *A General Theory of Equilibrium Selection in Games*. Cambridge, Mass.: MIT Press.

Harvey, Anna. 1999. “Partisanship as a Social Convention.” Working paper, New York University.

Helm, Leslie. 1995. “Global Hype Raises the Curtain on Windows 95: Microsoft Introduces New Software — and Softer Image — with Myriad of Grandiose Gimmicks.” *Los Angeles Times*, August 24, p. A1.

Hobsbawm, Eric. 1983. “Mass-Producing Traditions: Europe, 1870–1914.” In *The Invention of Tradition*, edited by Eric Hobsbawm and Terence Ranger, pp. 263–307. Cambridge: Cambridge University Press.（E. ホブスボウム，前川啓治／梶原景昭ほか訳．1992『創られた伝統』紀伊國屋書店．）

Horovitz, Bruce. 1987. “Marketing: Super Bowl Is the Event in Ad Game.” *Los Angeles Times*, January 6, pt.4, p. 9.

Horton, William S., and Boaz Keysar. 1996. “When Do Speakers Take into Account Common Ground?” *Cognition* 59: 91–117.

Hunt, Lynn. 1984. *Politics, Culture, and Class in the French Revolution*. Berkeley: University of California Press.（リン・ハント，松浦義弘訳．1989『フランス革命の政治文化』平凡社．）

Isaacson, Melissa. 1996. “NFL’s Stance on Domestic Abuse Far Short of Super.” *Chicago Tribune*, January 21, sports section, p. 3.

Jakobson, Roman. 1966. “Grammatical Parallelism and Its Russian Facet.” *Language* 42: 399–429.

Jehl, Douglas. 1996. “Egypt Adding Corn to Bread: An Explosive Mix?” *New York Times*, November 27, p. A4.

Johnson, Bradley. 1994. “The Commercial, and the Product, which Changed Advertising.” *Advertising Age*, January 10, pp. 1–14.

Johnson, James. 1993. “Is Talk Really Cheap? Prompting Conversation between Critical Theory and Rational Choice.” *American Political Science Review* 87: 74–86.

Fields. New York: Free Press.（エミル・デュルケム，古野清人訳．1975『宗教生活の原初形態』改訳，岩波書店．）

Erickson, Gladys A. 1957. *Warden Ragen of Joliet*. New York: E. P. Dutton. Fernandez, Roberto M., and Doug McAdam. 1988. "Social Networks and Social Movements: Multiorganizational Fields and Recruitment to Freedom Summer." *Sociological Forum* 3: 357–382.

Fisher, Franklin M., John J. McGowan, and David S. Evans. 1980. "The Audience-Revenue Relationship for Local Television Stations." *Bell Journal of Economics* 11: 694–708.

Foucault, Michel. 1979. *Discipline and Punish: The Birth of the Prison*. Translated by Alan Sheridan. New York: Vintage.（ミシェル・フーコー，田村俶訳．1977『監獄の誕生——監視と処罰』新潮社．）

Fournier, Gary M., and Donald L. Martin. 1983. "Does Government-Restricted Entry Produce Market Power? New Evidence from the Market for Television Advertising." *Bell Journal of Economics* 14: 44–56.

Fraser, Nancy. 1989. *Unruly Practices: Power, Discourse, and Gender in Contemporary Social Theory*. Minneapolis: University of Minnesota Press.

——. 1990. "The Uses and Abuses of French Discourse Theories for Feminist Politics." *boundary 2* 17: 82–101.

Fried, Michael. 1967. "Art and Objecthood." *Art Forum* 5, no.10 (June 1967): 12–23.

Geanakoplos, John. 1992. "Common Knowledge." *Journal of Economic Perspectives* 6: 53–82.

Geertz, Clifford. 1973. *The Interpretation of Cultures: Selected Essays by Clifford Geertz*. New York: Basic Books.（C. ギアーツ，吉田禎吾ほか訳．1987『文化の解釈学』岩波書店．）

——. 1980. *Negara: The Theatre State in Nineteenth-Century Bali*. Princeton: Princeton University Press.（クリフォード・ギアツ，小泉潤二訳．1990『ヌガラ——19世紀バリの劇場国家』みすず書房．）

——. 1983. "Centers, Kings, and Charisma: Reflections on the Symbolics of Power." In *Local Knowledge: Further Essays in Interpretive Anthropology*, pp. 121–146. New York: Basic Books.（クリフォード・ギアーツ，梶原景昭ほか訳．1991『ローカル・ノレッジ——解釈人類学論集』岩波書店．）

Gilboa, Itzhak. 1998. *Theoretical Aspects of Rationality and Knowledge: Proceedings of the Seventh Conference (TARK 1998): July 22–24, 1998, Evanston, Illinois, USA*. San Francisco: Morgan Kaufmann.

Goffman, Erving. 1969. *Strategic Interaction*. Philadelphia: University of Pennsylvania Press.

Goodsell, Charles T. 1988. *The Social Meaning of Civic Space: Studying Political Authority through Architecture*. Lawrence: University Press of Kansas.

Gorov, Lynda. 1993. "Activists: Abused Women at Risk on Super Sunday." *Boston Globe*, January 29. p. 13.

Gould, Roger V. 1993. "Collective Action and Network Structure." *American Sociological Review* 58: 182–196.

——. 1995. *Insurgent Identities: Class, Community, and Protest in Paris from 1848 to the Commune*. Chicago: University of Chicago Press.

Granovetter, Mark. 1973. "The Strength of Weak Ties." *American Journal of Sociology* 78: 1360–

edge." In *Arenas of Language Use*, edited by Herbert H. Clark, pp. 9–59. Chicago: University of Chicago Press.

Cohen, Abner. 1974. *Two-Dimensional Man: An Essay on the Anthropology of Power and Symbolism in Complex Society*. Berkeley: University of California Press.（エイブナー・コーエン，山川偉也／辰巳浅嗣訳．1976『二次元的人間――複合社会における権力と象徴の人類学』法律文化社．）

Cohen, Jean. 1985. "Strategy or Identity: New Theoretical Paradigms and Contemporary Social Movements." *Social Research* 52: 663–716.

Cohen, Jeff, and Norman Solomon. 1993. "Closing Eyes and Ears to Domestic Violence." *Cleveland Plain Dealer*, February 13, p. 4B.

Coleman, James S. 1988. "Social Capital in the Creation of Human Capital." *American Journal of Sociology* 94 (suppl.): S95-S120.

Connerton, Paul. 1989. *How Societies Remember*. Cambridge: Cambridge University Press.

Coser, Lewis A. 1990. "The Intellectuals in Soviet Reform: On'Pluralistic Ignorance'and Mass Communications." *Dissent* 37 (Spring): 181–183.

Cowen, Tyler. 2000. *What Price Fame?* Cambridge, Mass.: Harvard University Press.

Curtis, Russell L., and Benigno E. Aguirre. 1993. *Collective Behavior and Social Movements*. Boston: Allyn and Bacon.

d'Aquili, Eugene G., and Charles D. Laughlin Jr. 1979. "The Neurobiology of Myth and Ritual." In *The Spectrum of Ritual: A Biogenetic Structural Analysis*, edited by Eugene G. d'Aquili, Charles D. Laughlin Jr., and John McManus, pp. 152–182. New York: Columbia University Press.

Damasio. Antonio R. 1994. *Descartes' Error: Emotion, Reason, and the Human Brain*. New York: Avon Books（アントニオ・R. ダマシオ，田中三彦訳．2000『生存する脳――心と脳と身体の神秘』講談社．）

Davison, W. Phillips. 1983. "The Third-Person Effect in Communication." *Public Opinion Quarterly* 47: 1–15.

Dayan, Daniel, and Elihu Katz. 1992. *Media Events: The Live Broadcasting of History*. Cambridge, Mass.: Harvard University Press.（ダニエル・ダヤーン／エリフ・カッツ，浅見克彦訳．1996『メディア・イベント――歴史をつくるメディア・セレモニー』青弓社．）

Debord, Guy. [1967] 1995. *The Society of the Spectacle*. Translated by Donald Nicholson-Smith. Cambridge, Mass.: MIT Press. Originally published as *La Société du Spectacle* (Paris: Buchet-Chastel, 1967).

De Vany, Arthur, and David W. Walls. 1999. "Uncertainty in the Movie Industry: Does Star Power Reduce the Terror of the Box Office?" *Journal of Cultural Economics* 23: 285–318.

Diehl, Jackson, 1992. "Israeli Army's New 'Open Fire' Orders against Palestinians Draw Criticism." *Washington Post*, May 7, p. A37.

Dixit, Avinash, and Victor Norman. 1978. "Advertising and Welfare." *Bell Journal of Economics* 9: 1–17.

Durkheim, Emile. 1912 [1995]. *The Elementary Forms of Religious Life*. Translated by Karen E.

Letters, Written in the Year 1787, from Crecheff in White Russia, to a Friend in England. In The Works of Jeremy Bentham, published under the superintendence of his executor, John Bowring. Vol.4. Edinburgh: William Tait.

Berk, Richard A. 1974. "A Gaming Approach to Crowd Behavior." *American Sociological Review* 39: 355–373.

Bermeo, Nancy, ed. 1997. "Notes from the Annual Meetings: Culture and Rational Choice." *Newsletter of the APSA Organized Section in Comparative Politics* 8, no.2: 5–21.

Best, Richard L. 1977. *Reconstruction of a Tragedy: The Beverly Hills Supper Club Fire*. Boston: National Fire Protection Association.

Biskind, Peter. 1975. "The Politics of Power in'On the Waterfront.'" *Film Quarterly* 25, no.1 (Fall): 25–38.

Bloch, Maurice. 1974. "Symbols, Song, Dance and Features of Articulation." *Archives Europeénes de Sociologie* 15: 55–81.

Boorstin, Daniel J. 1961. *The Image: A Guide to Pseudo-Events in America*. New York: Harper & Row.（D. J. ブーアスティン，星野郁美／後藤和彦訳．1962『幻影の時代——マスコミが製造する事実』東京創元社．）

Brothers, Leslie. 1997. *Friday's Footprint: How Society Shapes the Human Mind*. New York: Oxford University Press.

Burke, David. 1997. "Legal Woes Give an Unhappy Twist to the Dream of a Young Boy Playing with His First Radio." *Decatur Herald and Review*, January 12, p. 4A.

Calvert, Randall L. 1992. "Leadership and Its Basis in Problems of Social Coordination." *International Political Science Review* 13: 7–24.

Canter, David. 1980. "Fires and Human Behavior — An Introduction." In *Fires and Human Behaviour*, edited by David Canter, pp. 1–12. Chichester: John Wiley and Sons.

Carey, James W. 1988. *Communication as Culture: Essays on Media and Society*. Boston: Unwin Hyman.

Chapkis, Wendy. 1986. *Beauty Secrets: Women and the Politics of Appearance*. Boston: South End Press.

Cheng, Mae M. 1996. "Keeping a More Horrifying Score: Game-Time Tally of Domestic Abuse." *Newsday*, January 28. p. A6.

Chong, Dennis. 1991. *Collective Action and the Civil Rights Movement*. Chicago: University of Chicago Press.

Chwe, Michael Suk-Young. 1998. "Culture, Circles, and Commercials: Publicity, Common Knowledge, and Social Coordination." *Rationality and Society* 10: 47–75.

——. 1999a. "The Reeded Edge and the Phillips Curve: Money Neutrality, Common Knowledge, and Subjective Beliefs." *Journal of Economic Theory* 87: 49–71.

——. 1999b. "Structure and Strategy in Collective Action." *American Journal of Sociology* 105: 128–156.

——. 2000. "Communication and Coordination in Social Networks." *Review of Economic Studies* 67: 1–16.

Clark, Herbert H., and Catherine R. Marshall. 1992. "Definite Reference and Mutual Knowl-

引用文献

After Stonewall. 1999. Film produced by John Scagliotti, Vic Basile, Janet Baus, and Dan Hunt. First Run Features, New York.

Amos, Denise. 1991. "Super Bowl Advertising Game Plan: Keep It Simple." *St. Petersburg Times*, January 25, p. 1E.

Anderson, Benedict. 1991. *Imagined Communities: Reflections on the Origin and Spread of Nationalism.* Rev. ed. London: Verso.（ベネディクト・アンダーソン，白石さや／白石隆訳．1997『想像の共同体――ナショナリズムの起源と流行』増補．NTT 出版．）

Aristotle. 1976. *The Ethics of Aristotle: The Nicomachean Ethics.* Translated by J. A. K. Thomson. Revised edition translated by Hugh Tredennick. London: Penguin.（アリストテレス，加藤信朗訳．1973『ニコマコス倫理学』岩波書店．）

Auerbach, Jon, and Beppi Crosariol. 1995. "Microsoft's Blockbuster: Backed by a $200 Million Blitz, Windows 95 Is Coming to a PC Screen near You." *Boston Globe*, August 20, p. 89.

Aumann, Robert J. 1974. "Subjectivity and Correlation in Randomized Strategies." *Journal of Mathematical Economics* 1: 67–96.

——. 1976. "Agreeing to Disagree." *Annals of Statistics* 4: 1236–1239.

Austin, John. 1975. *How to Do Things with Words.* 2d ed. Edited by J. O. Urmson and Marina Sbisa. Cambridge, Mass.: Harvard University Press.（J. L. オースティン，坂本百大訳．1978『言語と行為』大修館書店．）

Baron-Cohen, Simon. 1995. *Mindblindness: An Essay on Autism and Theory of the Mind.* Cambridge, Mass.: MIT Press.（サイモン・バロン＝コーエン，長野敬／長畑正道／今野義孝訳．1997，新装版 2002『自閉症とマインド・ブラインドネス』青土社．）

Baron-Cohen, Simon, Helen Tager-Flusberg, and Donald J. Cohen. 2000. *Understanding Other Minds: Perspectives from Developmental Cognitive Neuroscience.* 2d ed. Oxford: Oxford University Press.（サイモン・バロン＝コーエンほか編著，田原俊司監訳．1997『心の理論――自閉症の視点から』八千代出版．）

Bates, Robert H., and Barry R. Weingast. 1995. "A New Comparative Politics: Integrating Rational Choice and Interpretivist Perspectives." Paper presented at the American Political Science Association Meetings, Chicago, August 1995.

Becker, Gary S. 1991. "A Note on Restaurant Pricing and Other Examples of Social Influences on Price." *Journal of Political Economy* 99: 1109–1116.

Becker, Gary S., and Kevin M. Murphy. 1993. "A Simple Theory of Advertising as a Good or Bad." *Quarterly Journal of Economics* 108: 941–964.

Bentham, Jeremy. 1791 [1843]. *Panopticon; or, The Inspection-House; Containing the Idea of a New Principle of Construction Applicable to Any Sort of Establishment, in which Persons of Any Description Are To Be Kept Under Inspection; and in Particular to Penitentiary-Houses, Prisons, Poor-Houses, Lazarettos, Houses of Industry, Manufactories, Hospitals, Work-Houses, Mad-Houses, and Schools: With a Plan of Management Adapted to the Principle: In a Series of*

ナ　行

ハ　行

マ　行

サ　行

タ　行

索　引

ア　行

カ　行

著者略歴

(Michael Suk-Young Chwe)

シカゴ大学, ニューヨーク大学, ユタ大学などの勤務を経て, 現在, カリフォルニア大学ロサンゼルス校政治学部教授, 政治学部学部長. *The American Journal of Sociology* と *The Journal of Economic Behavior and Organization* のアソシエイト・エディターを務める. 著書として, 本書のほか, 『ジェイン・オースティンに学ぶゲーム理論——恋愛と結婚をめぐる戦略的思考』(川越敏司訳, NTT 出版) があり, ともに韓国, 中国でも翻訳出版されている.

訳者略歴

安田雪〈やすだ・ゆき〉 東京生まれ. 1986 年国際基督教大学卒業, 1993 年コロンビア大学大学院博士課程修了 (Ph.D.). 立教大学社会学部, 東京大学大学院ものづくり経営研究センター特任准教授などを経て, 現在, 関西大学社会学部教授. カリフォルニア大学予防医学部客員研究員 (2019-2020), シカゴ大学ブース・ビジネススクールの聴講などの経験を通し, 一貫してネットワーク分析に従事. 著書に『ネットワーク分析』, 『パーソナルネットワーク』(共に新曜社), 『ルフィの仲間力』(PHP 文庫) 他多数. 訳書に, バート『競争の社会的構造』(新曜社), ヴァレンテ『社会ネットワークと健康』(森亨と共訳, 東京大学出版会) など.

マイケル・S-Y. チェ

儀式をゲーム理論で考える

協調問題、共通知識とは

安田雪訳

2022年 6月10日 第1刷発行

発行所 株式会社 みすず書房
〒113-0033 東京都文京区本郷2丁目20-7
電話 03-3814-0131(営業) 03-3815-9181(編集)
www.msz.co.jp

本文組版 キャップス
本文印刷所 萩原印刷
扉・表紙・カバー印刷所 リヒトプランニング
製本所 松岳社
装丁 安藤剛史

ISBN 978-4-622-09051-9
[ぎしきをゲームりろんでかんがえる]